LA MOSAIQUE

RECUEIL DE PIÈCES NOUVELLES.

N. 33.

Théâtre de la Gaîté.

BÉNOIT,

DRAME EN TROIS ACTES.

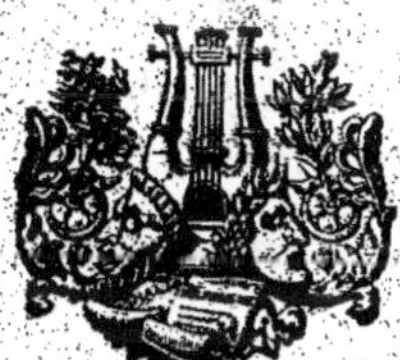

50 CENTIMES.

PARIS,

BECK, ÉDITEUR,

Rue Feydeau, 13, et rue du Cimetière-Saint-André-des-Arcs, 13.

TRESSE, successeur de J. N. BARBA, Palais-Royal.

1842.

BENOIT,

OU

LES DEUX COUSINS,

DRAME EN TROIS ACTES,

PAR M. HIPPOLYTE AUGER,

Représenté, pour la première fois, à Paris, sur le théâtre de la Gaîté, le décembre 1842.

DISTRIBUTION :

BENOIT OUDARD, ouvrier.	M. FRANCISQUE aîné.
CHARLES OUDARD, son cousin.	M. SURVILLE.
NICOLE, couturière.	Mme GAUTIER.
EUGÉNIE MINIER.	Mlle MÉLANIE.
LA COMTESSE DE MARCILLY.	Mme ABIT.
Mme DE TORGELLES, sa mère.	Mlle STÉPHANIE.
JULIETTE, couturières.	Mme AMY.
ATHÉNAIS, couturières.	Mme LAGRANGE.
PAULINE, couturières.	Mlle ESTELLE.
FÉLICITÉ, couturières.	Mlle MARIA.
UN DOMESTIQUE.	M. LAINÉ.

La scène est à Paris.

ACTE I.

Une chambre servant d'atelier de couturière. Portes latérales.

SCÈNE I.

PAULINE, FÉLICITÉ, ATHENAIS, travaillant au fond; CHARLES, près d'elles; puis, NICOLE.

PAULINE, donnant à Charles une paire de gants. Tenez, M. Charles, voici vos gants; les boutons sont solidement cousus. Quant aux autres paires, nous vous les arrangerons plus tard.

CHARLES. Merci!

(Il descend la scène en mettant ses gants.)

NICOLE, à part, en entrant de gauche. Le voilà... il n'est pas encore parti... (Elle s'approche de Charles et lui parle.) Vous sortez?

CHARLES. Oui... j'ai des courses à faire.

NICOLE, avec une sorte de crainte. Vous êtes rentré bien tard, hier?

CHARLES. C'est vrai.

NICOLE. Je vous ai attendu jusqu'à minuit. (Pause.) Il ne vous est rien arrivé de fâcheux?

CHARLES. Non.

NICOLE. Ne puis-je savoir où vous allez de si bonne heure?

CHARLES. Oui. Le soin de me faire une situation m'occupe exclusivement... Vous m'avez souvent reproché mon insouciance à cet égard...

(Il va pour sortir.)

NICOLE, l'arrêtant. Un moment, je vous en prie.

CHARLES. Que me voulez-vous? Je suis pressé.

NICOLE. Ne puis-je vous parler de moi, de nos projets?

CHARLES. De notre mariage?.. Tant que votre tante a vécu, elle en a retardé l'accomplissement, sous prétexte que je n'avais pas d'état... J'ai compris sa prudence... Aujourd'hui que je réfléchis plus mûrement, je crois devoir songer à mon avenir... c'est aussi le vôtre... Je suis trop galant homme pour entrer en ménage sans avoir une position qui me place au-dessus du besoin.

NICOLE. Si vous vous en occupez sérieusement, elle ne peut vous manquer... et bientôt, je l'espère, grace à l'éducation que vous avez reçue...

CHARLES. L'éducation?.. Cela ne suffit pas; il faut des circonstances favorables... il faut des protections.

NICOLE. Pourquoi des protections? Vous avez fait votre droit...

CHARLES. Pour être avocat sans cause, n'est-ce pas?

NICOLE. Que ne songez-vous à profiter de votre goût pour la peinture?..

CHARLES. Il est si différent de peindre en amateur ou pour vivre!.. Dans le premier cas, les tableaux sont admirables; dans le second, on ne fait rien qui vaille.

NICOLE. Vous voyez tout en noir, aujourd'hui... Vous aviez le projet d'écrire un roman, de faire un drame?..

CHARLES. Pour être lu, pour être écouté, il faut se nommer d'une certaine façon... Suis-je M. de Balzac ou M. Scribe?

NICOLE. On trouve toujours le moyen de se faire connaître, quand on a votre talent...

CHARLES. Auprès du public, peut-être; mais, pour arriver à lui, il faut un libraire, il faut la bienveillance d'un directeur de théâtre... Ces gens-là admirent de confiance... En littérature, on n'admet plus que des chefs-d'œuvre, et le monopole en est affermé.

NICOLE. Mais les auteurs célèbres ont commencé...

CHARLES. On l'oublie...

NICOLE. En ce cas, n'avez-vous pas eu tort de quitter votre étude?..

CHARLES. Qu'y faisais-je? Est-ce que je possède trois cent mille francs pour acheter une charge?.. Tous les jeunes gens perdent ainsi, soit chez un notaire, soit chez un avoué, quelques belles années pour voir venir les circonstances... pour s'accoutumer aux affaires... enfin, pour passer le temps... Mais, pardon, je vous quitte.

NICOLE. Un mot encore. Ne puis-je vous parler de moi?..

CHARLES. Je n'ai pas le temps de rester... Nous causerons plus tard.

(Il sort.)

NICOLE, seule, sur le devant du théâtre, et avec tristesse. Où va-t-il? comment percer le mystère de sa conduite?.. Malheureuse!.. un sombre pressentiment s'empare de ma pensée.

(Elle rêve.)

ATHÉNAIS, à Nicole. Mademoiselle, tout est terminé. Qu'allons-nous faire maintenant?

NICOLE, dissimulant sa douleur sous une apparence de mauvaise humeur. Vous pouvez partir... Je n'ai pas le temps de rien préparer... aujourd'hui, vous n'en ferez pas davantage.

(Elle sort.)

SCÈNE II.

PAULINE, ATHÉNAIS, FÉLICITÉ.

FÉLICITÉ. Quelle humeur! Je vois ce que c'est: quelque nouvelle contrariété causée par le beau Charles.

PAULINE. La pauvre Mlle Nicolle!.. il faut la plaindre.

ATHÉNAIS. La plaindre! Elle a ce qu'elle mérite... Comment une couturière s'imagine-t-elle qu'un jeune homme aussi merveilleux que M. Charles veut en faire sa femme?

FÉLICITÉ. Eh! ne dirait-on pas que c'est un duc et un pair, ce Charles?

PAULINE. Ce qu'il y a de certain, c'est que, depuis la mort de sa tante, Mlle Nicole s'est privée des deux plus belles pièces de son appartement, et qu'elle les a fait meubler avec élégance pour les lui louer. La paie-t-il exactement? c'est une autre affaire.

FÉLICITÉ. Ce qu'il y a de tout aussi certain, c'est que leur mariage ne se fait pas.

ATHÉNAIS. Quant à cela, j'en connais la raison.

PAULINE. Toi? Parle donc...

ATHÉNAIS. Vous souvenez-vous, Mesdemoiselles, de ce temps où Mme Eugénie Minier venait ici faire des mamours et des graces à Mlle Nicole? Eh bien! c'était pour le beau Charles que la veuve se montrait si charmante; car tous les soirs, à neuf heures, tandis que Mademoiselle travaillait, il sortait, sous prétexte d'aller se perfectionner dans ses études. Eh bien! c'était chez la dame qu'il allait en secret.

FÉLICITÉ. Et comment sais-tu ça?

ATHÉNAIS. Rien de plus simple. Ma tante est concierge dans la maison que Mme Minier habite, et comme elle est bien avec la femme de chambre, vous comprenez!.. Vous saurez que la veuve est liée, depuis des années, avec un vieux marquis; que le vieux marquis croit tout ce qu'elle veut lui faire croire... Aussi a-t-elle toujours un jeune amoureux, qui passe pour un parent ou pour un protégé.

FÉLICITÉ. Et Mlle Nicole ne se doute de rien?

ATHÉNAIS. C'est sa faute, j'ai déjà essayé de lui ouvrir les yeux... mais oui!.. quand il est question de son Charles... Je ne peux cependant pas lui aller dire tout crument... Après tout, ça ne me regarde pas, tant pis pour elle!

PAULINE. Ah! quelle horreur! tromper ainsi une personne qu'on doit épouser!

FÉLICITÉ. Mais qu'on n'épouse pas.

PAULINE. Le parti est bon, pourtant... c'est une excellente maison que celle de Mademoiselle, et après Victorine et Palmyre...

ATHÉNAIS. Mais vous oubliez donc que Charles se lance dans le grand monde?

FÉLICITÉ. Chut! voilà son cousin.

SCÈNE III.

LES MÊMES, BENOIT.

BENOIT. On ne travaille donc plus?

PAULINE. Non, c'est fini pour aujourdhui, M. Benoit.

BENOIT. A la demi-journée, comme ça?.. Il n'y a pas d'ouvrage?

FÉLICITÉ. Ce n'est pas l'ouvrage qui manque... mais Mademoiselle est d'une humeur...

BENOIT, vivement. Hein?.. qu'est-ce qu'elle a? C'est que vous la faites joliment aller quelquefois.

PAULINE. Ah! quelle expression, M. Benoit!

ATHÉNAIS. Elle s'arrange avec votre col de chemise, M. Benoit... Vous ne craignez donc pas qu'il ne vous scie les oreilles?

FÉLICITÉ. Et quel gilet! M. Benoit.. Vous espérez grandir et engraisser?

BENOIT. Bon! moquez-vous de moi!.. ça m'est égal, je vous le rends bien, de mon côté... Il faudrait peut-être, pour vous plaire, se montrer bichonné comme mon cousin Charles!.. et avoir des lorgnons, des gants à boutons et des chemises blanches tous les jours?.. Merci, je ne gagne pas assez pour ça.

FÉLICITÉ. M. Benoit, je vous le dis dans votre intérêt, soyez-en sûr, un peu de toilette ne gâte jamais rien... Et, si vous le vouliez, je gage que vous feriez tourner toutes les têtes aussi bien que M. Charles.

BENOIT. Que ça se puisse, ou que ça ne se puisse pas, je m'en soucie comme de rien du tout.

PAULINE. Cependant, pour plaire...

BENOIT. Je ne veux pas plaire.

ATHÉNAIS. Vous comptez toujours vivre en ours?

BENOIT. Qu'est-ce que ça vous fait?

ATHÉNAIS. Si vous vouliez vous marier?

BENOIT. Faudra que ma femme me prenne tel que je suis.

PAULINE. Mais il faut trouver une femme?

BENOIT. Il n'y a rien qui presse.

ATHÉNAIS. Mais voyez donc votre cousin.. c'est par son air distingué, sa bonne tournure, sa mise recherchée, qu'il a su faire la conquête de Mlle Nicole.

BENOIT, avec émotion. Ah! vous croyez?.. Mais, non, c'est impossible... ce sont les bonnes qualités qui attachent.

ATHÉNAIS. Mais c'est par les belles manières qu'on séduit; l'amour naît du premier coup d'œil... Et vous, tenez, si vous le vouliez...

BENOIT. Non... non... Je ne sais ni bien parler, ni parader dans de beaux habits.

PAULINE. Avec un peu de bonne volonté, ça vous viendra, M. Benoit.

ATHÉNAIS. On peut vous donner des leçons de graces.

SCÈNE IV.

LES MÊMES, EUGÉNIE.

EUGÉNIE, qui a entendu. Des leçons de graces à M. Benoit?.. Mais il ne saurait avoir de meilleur maître que son cousin.

BENOIT. On ne va pas contre sa nature, Madame... Vous êtes bien bonne... mais je me passerai de ce que je ne puis avoir.

EUGÉNIE, avec coquetterie. Il ne s'agit que de vouloir, mon cher M. Benoit.

ATHÉNAIS, bas, à ses amies. Voyez donc, Mesdemoiselles, comme elle le cajole... Est-ce que, par hasard, elle voudrait maintenant faire aussi cette éducation-là?..

EUGÉNIE, aux ouvrières. Mlle Nicole est sortie?..

PAULINE. Non, Madame. Faut-il la prévenir que vous êtes ici?

EUGÉNIE. C'est bien, mes petites... j'entrerai tout à l'heure dans sa chambre... Allez!..

FÉLICITÉ, bas. Quel air insolent!.. Allez!

(Elles sortent.)

SCÈNE V.

EUGÉNIE, BENOIT.

EUGÉNIE. Qu'avez-vous, Benoit? vous êtes triste, taciturne, il y a déjà long-temps que je remarque votre mélancolie... Je veux vous être utile, vous m'interressez...

BENOIT. Je n'ai besoin de personne.

EUGÉNIE. On a toujours besoin de quelqu'un.. Je vois beaucoup de monde, j'ai des amis... je vous recommanderai... S'il vous manque quelque chose, je vous le procurerai.

BENOIT. Je n'ai besoin de rien.

EUGÉNIE. Je ne vous crois pas: à votre âge il y a mille petites inutilités qui sont indispensables... Votre cousin s'est bien trouvé de mes avis... c'est moi qui l'ai lancé...

BENOIT. Vous?

EUGÉNIE. Et je vous lancerai de même...

BENOIT. Ah! Madame, s'il était vrai que vous eussiez un peu de bienveillance pour moi...

EUGÉNIE. Je ne veux pas que vous en doutiez.

BENOIT. En ce cas-là, écoutez-moi, je vous en conjure... car vous ignorez peut-être que Nicole est malheureuse... que Charles a changé de manière d'être avec elle, qu'il n'y a plus entre eux que de la contrainte?

EUGÉNIE. En voici la première nouvelle... Mais j'ai pour habitude de ne jamais me mêler des querelles des amoureux... et je vous conseille d'en faire autant... Est-ce que ça nous regarde! quel intérêt y avons-nous?

BENOIT. Oh! on ne doit pas voir que soi! Charles est mon cousin; depuis qu'il a été question de son mariage avec Nicole, j'ai contracté la douce obligation de la regarder comme si elle était déjà ma parente... mieux que ça encore!.. voyez-vous, c'est un devoir pour moi... c'est de a reconnaissance... j'ai juré de ne jamais perdre le souvenir des services qu'elle a rendus... pas à moi, mais à lui, à Charles, qui aujourd'hui la chagrine.

EUGÉNIE. Comment le savez-vous?

BENOIT. Est-ce que rien m'échappe? C'est vous, Madame, qui avez fait tout le mal... Eh! mon Dieu, sans vous en douter... pour être utile...

EUGÉNIE. Que voulez-vous dire?

BENOIT. C'est que vous ne savez pas tout, comme moi, je le vois bien... Tenez, Madame, il y a quatre ans, Charles et moi nous vivions ensemble, bien pauvres, luttant contre les besoins qui nous assiégeaient de toutes parts... Son père et le mien, les deux frères, nous ont laissés orphelins presque en même temps, l'un et l'autre... dans une situation exactement la même quand à la fortune, ne possédant pas un sou... Mon père avait dit: Je n'ai rien à laisser à Benoit; je veux lui donner un métier qui puisse le nourrir... Le père de Charles avait dit: Pour que mon fils fasse fortune, je veux qu'il ait une belle éducation... Et comme il avait des protections, il trouva moyen de le faire entrer pour rien dans une pension où il devait remporter tous les prix pour faire honneur au maître... on dit que ça se fait comme ça... de sorte que Charles y était quand je faisais mon apprentissage.. C'est bien différent, comme vous le voyez.. Dame! il arriva un jour que les deux cousins se retrouvèrent, sans appui, sans parens... moi, ouvrier; lui, savant, quatrième clerc dans une étude d'avoué... Notre misère était grande... mais quand on est deux à lutter contre elle, on en triomphe... on fait face à tout... Avec du courage et de la bonne conduite, on voit même bientôt l'avenir briller meilleur et plus doux... Nous n'avions pas vingt ans... A cet âge, avec un écu dans sa poche et s'il luit au ciel un rayon de soleil, tout est espoir, tout est bonheur... Aussi voilà qu'un jour... un dimanche que nous étions rians d'un peu de repos, que nous flânions avec gaîté à la campagne... à Saint-Mandé, bras dessus, bras dessous, près d'un bal champêtre... Je n'oublirai jamais ce jour là, Madame... Comme deux frères, nous n'avions pas de secrets, tout était partagé; si je gagnais plus que lui, il était plus ingénieux que moi pour tirer parti de nos ressources... la moindre chose lui seyait, faisait valoir ses avantages, lui donnait bonne mine... Il plaisait à tout le monde et du premier coup d'œil j'en étais fier!.. Ce jour-là donc, que nous regardions danser, il vint se placer tout à côté de nous une jeune fille si avenante que je sentis le bras de Charles presser vivement le mien, et que mon cœur suspendit ses battemens tout-à-coup, pour battre après, et long-temps, et plus fort et plus vite!.. C'était Nicole... elle était avec une femme âgée... Charles et moi nous ne pûmes retenir un cri de surprise... Elle, de son côté se retourna... C'en était fait de nous... non d'eux... nos cœurs... leurs cœurs n'étaient plus à nous... et voilà que, d'un regard, tout était changé dans notre existence, à elle, à lui, à moi... car j'avais des yeux et un cœur et, comme Charles, les droits du hasard... mais, comme lui, je n'avais pas le don de plaire...

EUGÉNIE. Mon cher Benoit, je vous le répète, vous êtes trop timide.

BENOIT. Oh! non, ce n'est pas ça... Enfin, il fut préféré... J'en suis resté tout un jour... non pas jaloux, mais triste est abattu...

EUGÉNIE. Ainsi donc, vous aimez Nicole?

BENOIT. Je n'ai pas dit ça!.. A quoi ça servirait-il? l'aimer, quand c'est mon cousin qu'elle aime!.. Non, non, elle ne s'est même jamais douté de mes sentimens... C'est égal... c'est triste, allez!.. Je ne puis pas vous dire tout ce qu'on éprouve à faire rentrer dans son cœur ces impressions involontaires... Charles et Nicole se firent la cour... et moi... moi, je m'attachai à leur bonheur comme si c'était le mien... c'était mon espérance... c'était ma pensée, enfin, c'était ma destinée... Eh bien! concevez-vous que j'aurais le droit de parler, si Charles ne réalisait pas l'espoir qu'il a fait naître?..

EUGÉNIE. J'apprécie vos bons sentimens... mais vous avez tort d'accuser votre cousin...

BENOIT. D'abord, s'ils ne se sont pas mariés lui et Nicole, c'est que sa vieille tante... à Nicole... qui lui a donné son fonds, ne voulait pas entendre parler de ce mariage-là... Mais elle est morte... Charles a éloigné la cérémonie, et j'ai grand'peur maintenant qu'il ne veuille plus qu'elle ait lieu.

EUGÉNIE. Ah! dame! si l'amour n'existait plus.

BENOIT. C'est impossible, quand on aime bien une fois..

EUGÉNIE. Alors, il fau rait croire que Charles n'aimait pas bien.

BENOIT. S'il était vrai, mon Dieu!.. la pauvre Nicole!.. Oh! il y aura peut-être moyen de le ramener à elle... J'attendrai son retour, cette fois-ci, il faudra bien qu'il réponde.

EUGÉNIE. Voyons, que voulez-vous lui demander?

BENOIT. Je veux lui demander compte de ses actions.

EUGÉNIE. Mais vous n'en avez pas le droit.

BENOIT. Comment! je n'en ai pas le droit?

EUGÉNIE. Non, chacun fait comme il peut dans ce monde... Écoutez... vous avez confiance en moi, n'est-ce pas?..

BENOIT. Oui, Mme Minier.

EUGÉNIE. Votre cousin Charles est un garçon d'esprit qui a compris l'époque ou nous vivons. Il a vu qu'on n'était rien sans richesse, et que pour arriver à être quelque chose il faut avoir des protections... Il a le don de plaire, dites-vous, il a plus, il a l'art de plaire... Pourquoi ne ferait-il pas servir ses avantages à fonder sa fortune?

BENOIT. Comment ça?

EUGÉNIE. Laissez-moi parler... Il s'agit d'un monde que vous ne connaissez pas... Eh bien! dans ce monde, on réussit par les femmes.. dans le monde, il faut être comme tout le monde... et comme tous ne reçoivent pas en naissant les mêmes priviléges, le sentiment répare l'inégalité des conditions, les caprices du hasard... Vous comprenez?..

BENOIT. Pas trop... Ça veut dire?..

EUGÉNIE. Que les bons cœurs se viennent en aide les uns aux autres.

BENOIT. Je comprends ça... Mais revenons à Charles.

EUGÉNIE. En ressentant la nécessité d'être riche, il a vu également quelle difficulté on éprouve à le devenir... mais quand on sait se rendre utile, on arrive à réaliser ses projets d'ambition.

BENOIT. Mais ce n'est pas une raison pour que Nicole en souffre...

EUGÉNIE. Nicole... Nicole est une ouvrière... Le soin de son avenir fait à votre cousin la loi de tout tenter pour réussir...

BENOIT. Soit... mais Nicole?..

EUGÉNIE. Nicole ne peut pas lui faire une fortune...

BENOIT. Mais quand on s'aime et qu'on travaille chacun de son côté pour tout mettre en commun...

EUGÉNIE. Je vois que vous ne comprenez pas.

BENOIT. Non, je ne comprends pas cette manière d'envisager les choses... Qu'avec de l'économie on amasse, ça se conçoit; mais qu'on devienne riche en dépensant... c'est ce qui passe mon intelligence... et Charles mène un train... Tenez, pas plus tard qu'hier au soir, après l'avoir attendu ici jusqu'à près de minuit... pour tenir compagnie à Nicole... elle était d'une inquiétude!.. elle ne rêvait que malheurs!.. Parce que, voyez-vous, il a pour habitude de venir prendre sa clé auprès d'elle, et de jaser un moment... Voilà qu'en retournant chez moi, car il fallait bien m'en aller... je me suis trouvé juste auprès du théâtre, au moment de la sortie des Italiens... Pour me distraire un peu, je me suis mis à voir tout ce beau monde!.. C'est un peu bête, j'en conviens... mais je suis curieux... D'ailleurs, ça ne coûte rien... Voilà que j'ai aperçu Charles, mon cousin, avec deux dames en belle toilette!.. Ils sont montés dans un carrosse, ils m'ont éclaboussé... Oh! pour ce qui est de ça, je le lui pardonne bien... Mais, savez-vous ce qu'on disait, en le voyant avec cette comtesse?.. car, c'était une comtesse... Eh bien! on disait qu'il était son amant, à elle!..

EUGÉNIE, à part. Ah! ah! parons le coup... (Haut.) Calomnie! il ne faut pas croire tout ce qu'on dit.

BENOIT. C'est égal, j'ai voulu savoir où il allait comme ça... Je me suis mis à courir... j'ai suivi la voiture... le cœur m'a donné des jambes... et c'est dans un hôtel, rue Saint-Dominique, qu'ils sont entrés.

EUGÉNIE. Ça vous étonne?

BENOIT. Dame!

EUGÉNIE. Il ne vous a donc pas dit qu'il allait donner des leçons de peinture?

BENOIT. Non.

EUGÉNIE. C'était son écolière.

BENOIT. Vrai?

EUGÉNIE. Des leçons bien payées...

BENOIT. Oui? ah! que c'est heureux!.. Mais pourquoi était-il au spectacle avec cette grande dame?

EUGÉNIE. Vous ne savez pas que les artistes ont le privilége d'être bien reçus partout?.. Ils vont de pair avec les plus grands seigneurs.

BENOIT. Ah!.. c'est beau, tout de même... Avec ça que Charles est toujours si bien habillé... Mais pourquoi disait-on qu'il était l'amant de cette dame?

EUGÉNIE. Des envieux, des jaloux... On ne peut pas voir un joli garçon avec une femme, qu'on ne les soupçonne d'être amans.

BENOIT. Mais chut! voilà Nicole... Il ne faut pas lui causer encore plus de chagrin.

SCÈNE VI.

LES MÊMES, NICOLE.

NICOLE. J'étais loin de penser que vous fussiez ici, Madame.

EUGÉNIE. J'allais entrer auprès de vous.

BENOIT. Bonjour, Nicole; comment ça va-t-il, ce matin?

NICOLE. Bien.

BENOIT, bas, à Eugénie. Regardez-la donc, comme elle est pâle!.. les yeux rouges!.. On dirait qu'elle a pleuré et qu'elle tremble... (Haut.) Je venais voir Charles... Est-ce qu'il est chez lui?..

NICOLE. Non; il est sorti de bonne heure.

BENOIT, bas, à Eugénie. Je gage qu'il n'est pas rentré. (Haut.) Je vais l'attendre... J'ai à lui parler... Oui... hier, en vous quittant... vous étiez si inquiète... je n'en ai pas dormi de la nuit... de sorte que, quand on ne dort pas, on pense... et j'ai pensé qu'il était temps que votre mariage se fît... Vous ne pouvez pas trouver mauvais que je m'occupe ainsi de ce qui vous regarde, Nicole?

NICOLE. Benoit, nous ne sommes pas seuls.

BENOIT. Oh! Mme Minier n'est pas une étrangère... c'est elle qui a protégé mon cousin.

EUGÉNIE. C'est égal... je vous laisse parler d'affaires... Ce que j'ai à vous dire, ma chère Nicole, n'a rien de pressé... Je reviendrai... (Bas, à Benoit.) Ne l'affligez pas, la pauvre fille! (A part, en sortant.) Tâchons de prévenir Charles de tout ce qui se passe.

SCÈNE VII.

NICOLE, BENOIT.

BENOIT. Eh bien! maintenant que nous voilà seuls, Nicole, parlons de Charles.

NICOLE. Vous avez appris quelque chose à son sujet?

BENOIT. Je souffre de vous voir souffrir... Les protections, les protectrices, tout ça n'est pas si sûr qu'un bon état... Enfin, puisqu'il paraît que Charles en a un et qu'il gagne de l'argent, d'après ce que m'a dit Mme Minier...

NICOLE. Mme Minier?.. Comment cela?..

BENOIT. Oui, il donne des leçons de peinture.

NICOLE. Il ne m'en a pas parlé.

BENOIT. Il est un peu cachottier... Mais puisqu'il n'y a plus rien qui s'oppose à votre mariage, il faut qu'il se fasse, n'est-ce pas?

NICOLE. Benoit, je vous remercie de vos bons sentimens à mon égard... votre amitié me touche...

BENOIT, à part. Cette idée la rend heureuse. (Haut.) Il faut que le bonheur amène l'ordre et l'économie... Charles est trop pimpant...

NICOLE. Pardonnons quelque chose... son goût pour la toilette est en lui-même fort innocent.

BENOIT. Allons, je vois que toutes les femmes pensent de même là-dessus... Il faut que l'essaye de me faire beau aussi, moi... (A part, en regardant Nicole.) La voilà toute pensive. (Haut.) Eh bien, donc! vous l'avez vu, hier... ou pour mieux dire, cette nuit?..

NICOLE, avec tristesse. Non... j'ai remis sa clé au portier... On a dû l'attendre.

BENOIT. Et ce matin?

NICOLE. A peine ai-je pu lui dire un mot.

BENOIT, attendri. Vous voyez bien que cette situation ne peut pas durer plus long-temps.

NICOLE. Oui, je n'éprouve que de tristes pressentimens... Votre cousin m'évite... je tremble qu'il ne veuille plus tenir la promesse qu'il m'a faite.

BENOIT. Ne craignez donc rien, il vous épousera... Vous serez Mme Oudard, aussi vrai que je m'appelle de ce nom-là.

NICOLE. Mais s'il ne m'aime plus!

BENOIT. Qui vous le fait penser?

NICOLE. Sa conduite... Qu'a-t-il fait, hier?

BENOIT. C'est ce qui vous inquiète... Eh bien! je le sais, moi, et je vas vous le dire.

NICOLE, vivement. Parlez!

BENOIT. Il a été à l'Opéra-Italien.

NICOLE. Seul?

BENOIT. Non, avec une dame... Oh! mais une comtesse, son écolière, à ce que dit Mme Minier... la comtesse de Marcilly... Je l'ai entendu nommer... Elle demeure rue Saint-Dominique.

NICOLE. Pourquoi nous fait-il un mystère de tout ce qui concerne sa situation?

BENOIT. Je vous l'ai dit, il est cachottier... d'ailleurs, Mme Minier m'a débité à ce sujet un tas de chose que je ne comprends guère, c'est vrai... qu'il faut être riche aujourd'hui... que tous les moyens sont bons pour le devenir... qu'on n'arrive que par les femmes...

NICOLE. Mme Minier a dit cela?.. Vous voyez bien, Benoît, que je dois trembler.

BENOIT. Pourquoi?

NICOLE. Parce que cette femme s'est introduite dans ma maison avec l'intention de détourner Charles de son amour pour moi.

BENOIT. C'est impossible... Comment le savez-vous?..

NICOLE. Une de mes ouvrières a éveillé mes soupçons... Je n'ai pas eu l'air de croire à ses paroles, mais tout me prouve la vérité... Et maintenant, c'est avec une grande dame qu'il passe son temps!... Soyez-en sûr, Benoit, c'est une rivale.

BENOIT, à part. Si c'était vrai, pourtant?.. C'est ce que je saurai! (Haut.) Y pensez-vous? une grande dame!..

NICOLE. Malheureuse!

BENOIT, à part. Si je pouvais lui parler, à cette comtesse?.. Pourquoi pas?.. (Haut.) Mais ça n'a pas le sens commun de se mettre dans un état pareil... de se désoler ainsi... quand je vous dis que Charles vous épousera, et bientôt... Laissez-moi faire.

NICOLE. Quels sont vos projets?

BENOIT. Je ne sais pas encore... Oh! si fait, je vas me faire beau... je m'en vas chez le tailleur d'en face... pour la noce... Oh! je ne suis pas ladre, allez... et si vous voulez seulement m'arranger ma cravate... Ces diables de nœuds sont si difficiles à faire... (A part.) Oui, il faut que ça finisse. (Haut.) Je vous dis que je serai magnifique... je me ferai friser... ça donne tout de suite un air distingué... comme le garçon de café.

NICOLE. Benoit, expliquez-vous, je vous en conjure.

BENOIT. Oh! j'ai mon projet... Vous verrez ce que peut faire un brave garçon... parce que, Nicole, votre bonheur, c'est une chose sacrée... J'ai juré que vous... Enfin, vous ne pouvez pas rester plus long-temps comme ça... J'ai des droits à faire valoir... moi! si long-temps son frère... moi, qui me serais jeté au feu pour lui... Allons, ne pleurez plus... riez donc!.. Je vous dis que Charles vous aime toujours... J'irai à la mairie pour les papiers... je ferai les démarches. (Fausse sortie.) Ah! si Charles revient, ne lui dites rien encore... Je veux le surprendre. (Il court et heurte en sortant Juliette, qui entre.) Pardon, pardon, Juliette, je ne vous voyais pas, attendu que je regardais Nicole... pour lui dire que je ne serai pas long-temps... et que je vas chez le tailleur...

(Il sort.)

SCÈNE VIII.

JULIETTE, NICOLE.

JULIETTE. Eh bien! qu'a-t-il donc, M. Benoit?.. il sort tout effaré... Bonjour, Nicole... Que deviens-tu? on ne te voit jamais... tu ne daignes pas dire en passant un petit mot à tes anciennes camarades... Tu deviens fière.

NICOLE. Tu ne le penses pas... Je suis tout à mes occupations... et le temps me manque.

JULIETTE. Moi, je viens te voir... On dit que tu ne te maries plus.

NICOLE. Je ne puis empêcher les langues de parler... Que fait-on de nouveau, chez vous?.. Mettez-vous toujours des fleurs aux robes de bal? Que portes-tu là?

JULIETTE. Une robe du matin, d'une forme nouvelle.

NICOLE. Voyons... Oh! ne crains rien, je

n'en prendrai pas le patron d'un seul coup d'œil.

JULIETTE. Pour ce qui est de ça, ma chère, ça m'est bien égal... Au contraire, s'il te convient d'en avoir le modèle, je te le donnerai... Les maîtresses ne sont pas déjà si reconnaissantes, pour qu'on prenne leur intérêt... Tiens, regarde. (Elle déploie la robe.) Voilà comme nous travaillons, maintenant, chez nous... C'est garni tout autour... et puis la taille marquée, tu vois.

NICOLE, examinant. Ça doit bien faire, en effet.

JULIETTE, passant la robe. C'est une espèce de robe de chambre... qu'on peut mettre et ôter toute seule... et puis, des poches sur le devant... c'est très commode. (Elle met les mains dans les poches et trouve un papier.) Tiens! un papier oublié... si c'était un billet doux?

NICOLE. Curieuse!

JULIETTE. La dame est prude, dit-on, ça doit être amusant... Je veux lire...

NICOLE. C'est de l'indiscrétion... Laisse cette lettre.

JULIETTE. Non pas!.. Je veux savoir comment on écrit à une comtesse. (Elle lit.) « Chère »Blanche,» Ah! il paraît qu'elle s'appelle Blanche de son petit nom. (Elle lit.) «Chère Blanche, »vous pouvez compter sur la loge des Italiens, »n° 7 du rez-de-chaussée... Envoyez-la cher»cher; j'y serai de bonne heure.» Pas de signature. Ce n'est que ça...

NICOLE, timidement. Voyons ce billet.

JULIETTE. Ça n'en vaut pas la peine... ce n'est pas une lettre d'amour... C'est égal, ce n'est pas prudent de laisser des billets dans les poches ni dans les mouchoirs... Si la dame avait vu jouer la pièce de M. Scribe, elle aurait appris ça.

NICOLE. Laisse-moi lire ce billet.

JULIETTE. Non, je le remets à sa place.

NICOLE. Je tiens à le voir.

JULIETTE, lui donnant le billet. Et tu m'appelais curieuse!

NICOLE, à part. Ciel! l'écriture de Charles!

JULIETTE. Eh bien! es-tu satisfaite?

NICOLE, avec émotion. Oui... oui... chère Blanche... c'est d'un amant.

JULIETTE. Tu crois?..

NICOLE. Certainement... une écriture d'homme.

JULIETTE. Peut-être un parent?

NICOLE. Cette dame est une comtesse, dis-tu?

JULIEETTE. Oui, la comtesse de Marcilly.

NICOLE. La comtesse de Marcilly?.. qui demeure rue Saint-Dominique?

JULIETTE. Voici son adresse... Tu la connais?..

NICOLE. Non... on m'a parlé d'elle... Et cette robe, il y a long-temps qu'on vous l'a renvoyée?

JULIETTE. Non, hier au soir, pour la ravoir ce matin... Elle gênait dans les entournures.

NICOLE. Et tu la reportes?

JULIETTE. Oui. Pourquoi me demandes-tu ça?.. Tiens, te voilà toute tremblante!..

NICOLE. Ce n'est rien... Juliette, tu es mon amie.

JULIETTE. Est-ce que tu en doutes?..

NICOLE. Eh bien! veux-tu me rendre un service?

JULIETTE. Deux, trois! Commande...

NICOLE. Je voudrais voir cette comtesse.

JULIETTE. Quelle idée!

NICOLE. Nous irons ensemble chez elle... Elle ne connaît pas toutes les ouvrières de votre maison?..

JULIETTE. C'est la première fois que j'y vais moi-même... mais les autres demoiselles de l'atelier la connaissent bien

NICOLE. Nous irons. (A part.) C'en est donc fait! plus de doute! Cette femme détruit mon espérance... elle me tue...

JULIETTE. A quoi penses-tu?

NICOLE, à part. Ah!.. si je pouvais me venger.

JULIETTE. Décidément, tu as quelque chose...

NICOLE, de même. Mais en serais-je plus heureuse, mon Dieu?

JULIETTE. Tu ne veux pas me répondre?

NICOLE. Si fait... Que me demandes-tu?

JULIETTE. Qu'est-ce qui te préoccupe et t'agite?

NICOLE. Je ne suis pas agitée ni préoccupée.

JULIETTE. C'est-à-dire que tu es dans un état...

NICOLE, ne se contenant plus. Ah! oui... je suis au désespoir, Charles me trahit!

JULIETTE. Ah!.. Eh bien! je te l'ai toujours dit, tu aurais mieux fait d'aimer son cousin; il me plaît à moi, ce bon Benoit.

NICOLE, avec exaltation. Vous me l'avez prédit, ma tante... et j'ai refusé de vous croire...

JULIETTE. Allons, allons, calme-toi... Est-ce qu'on peut compter sur ces freluquets, toujours oisifs?.. tandis qu'un homme laborieux...

NICOLE, avec plus de douleur. Que devenir, s'il m'abandonne?

JULIETTE. Tu en épouseras un autre?

NICOLE, désespérée. C'est impossible... la honte m'attend.

JULIETTE. Ah! mon Dieu! ton air m'effraie!

NICOLE, avec égarement. J'ai cru à son amour... J'ai oublié mes devoirs...

JULIETTE. Que dis-tu?

NICOLE. Il y a un an... tu te le rappelles... j'ai fait une longue absence...

JULIETTE. Eh bien?

NICOLE. C'était pour cacher ma faute.

JULIETTE, la pressant dans ses bras. Nicole!.. pauvre Nicole!..

NICOLE. Tu le vois donc bien, je suis la plus misérable des femmes.

JULIETTE. On vient!.. Calme-toi... sèche tes larmes...

SCÈNE IX.

NICOLE, BENOIT, JULIETTE.

BENOIT, habillé et frisé ridiculement. Me voici... J'espère que j'ai eu bientôt fait!.. Je suis comme

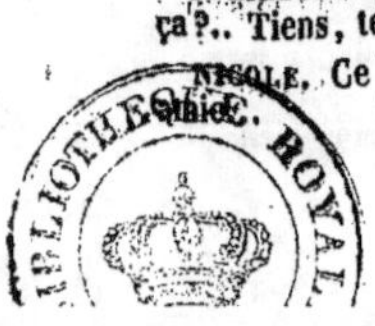

ça, moi... une fois que je me décide... Nicole... voyez comme je suis beau!

JULIETTE. Ah! M. Benoit!.. peut-on être fagoté de la sorte?

BENOIT. Comment! fagoté!

JULIETTE. Vous êtes donc de noces?

BENOIT. C'est possible... De noces ou pas de noces, tout ça me coûte assez cher pour que ça soit beau.

NICOLE, à part. S'il est vrai que Charles ait cessé de m'aimer, j'aurai la force de ne plus le revoir, de n'y plus songer...

BENOIT. Voyons, franchement, Nicole, me trouvez-vous bien?

NICOLE. Que voulez-vous, Benoit?

BENOIT. Vous ne comprenez pas que je vas faire une visite qui vous concerne?

NICOLE. Moi!.. Expliquez-vous.

BENOIT, à part. Oh! non!.. il ne faut rien dire. (Haut.) Oui, oui, je m'en vas.

JULIETTE. Où donc?

BENOIT. A la mairie... Il faut que vous m'aidiez à faire ma toilette!..

JULIETTE. Allons! allons! faut-il tant de paroles?.. Premièrement, voyez donc votre gilet, comme il est boutonné... Et le col de votre habit!.. Ah! mon Dieu! quelle pitié!..

NICOLE, à part. Quel parti prendre?

JULIETTE, habillant Benoit. Maintenant, serrez votre ceinture.

BENOIT. Oui, oui... (A part.) A quoi pense-t-elle?

JULIETTE. Encore... encore plus fort... Ah! dame, il faut être mince... il n'y a pas d'élégance sans ça... la taille de guêpe?

BENOIT. La taille de guêtre... Et puis, on étouffe.

JULIETTE. Ce n'est pas notre affaire, à nous...

BENOIT, à part, avec inquiétude. Je crois qu'elle essuie des larmes. (Haut.) Dites donc, Nicole, ne voulez-vous pas me dire votre avis?

JULIETTE. Mais vois donc, Nicole... c'est qu'il a une taille!.. Qui s'en serait douté?..

NICOLE, regardant sans voir. Oui... c'est vrai.

BENOIT, enchanté. Vous trouvez, Nicole?.. Mlle Juliette, est-ce que je ne pourrais pas me serrer encore un peu?

JULIETTE. Serrez tant que vous pourrez... On n'est jamais trop serré.

NICOLE, à part. Je verrai cette femme!

BENOIT, se serrant. Ouf!.. Ça doit être bien mieux... hein?

JULIETTE. A présent, asseyez-vous là, que l'on vous défrise... A-t-on jamais vu se faire ainsi roulotter comme un caniche?.. Oh! je vous ai tiré les cheveux?..

BENOIT. Ça ne fait rien... pourvu que je sois joli.

JULIETTE, en le coiffant. Je le crois bien, que vous serez joli!.. Mais c'est qu'il le devient... Tiens, Nicole, comme ça, n'a-t-il pas un air de son cousin Charles?

NICOLE. Oui...

BENOIT, heureux et honteux. Oh! vous voulez rire... Moi!.. un pauvre ouvrier!

JULIETTE, l'imitant. Un pauvre ouvrier!.. Il prend déjà des airs scélérats... Voulez-vous bien ne pas me regarder de la sorte!..

BENOIT. Moi? Je ne vous regarde pas... vrai... je regardais Nicole.

NICOLE, à part. J'irai.

(Elle s'habille.)

JULIETTE. Il ressemble à son cousin... Maintenant, gare à votre cœur, M. Benoit!

BENOIT. Mon cœur?.. Ne craignez rien... il n'y a pas de danger... mon cœur n'est pour rien... Quand je dis qu'il n'est pour rien... je veux dire qu'il y a long-temps qu'il n'est plus à moi...

JULIETTE. A qui donc est-il ce cœur!

BENOIT. Nicole, comment me trouvez-vous maintenant?

JULIETTE. Elle vous admire... Et quand vous aurez mis vos gants...

BENOIT. Là... j'ai oublié des gants!

JULIETTE. Prenez-en une paire à votre cousin, en voici une paire sur la table... et s'ils ne sont pas trop petits...

BENOIT, mettant les gants. Oh! que non.

JULIETTE. C'est pourtant vrai, il n'a pas la main plus forte que celle de M. Charles.

BENOIT. Je le sais bien... c'est comme les pieds... Autrefois nous n'avions qu'une paire de bottes à nous deux.

(Il soupire.)

JULIETTE. Quel soupir, bon Dieu!

BENOIT. Oui, ça me rappelle un temps auquel je ne veux pas songer.

JULIETTE. Pourquoi donc!

BENOIT, avec émotion. Ah! parce que... (A lui-même.) Ce jour... à Saint-Mandé, où Charles et moi nous l'avons aperçue pour la première fois... il avait les bottes, lui... c'était son jour... (Il soupire.) Et peut-être que le bonheur de ma vie a dépendu de ça.

(Il reste rêveur et essuie une larme.)

NICOLE, qui a fini de s'habiller, prend le paquet où se trouve la robe, et le remet à Juliette. Viens-tu, Juliette?

BENOIT, revenant à lui. Tiens! tout habillée! Comment... vous sortez?..

NICOLE. Nous allons faire une course... porter une robe.

BENOIT, comme pour l'accompagner. Vous n'avez pas besoin de moi?

NICOLE. Maintenant? non. A mon retour, j'aurai peut-être à vous parler... je vous prie de m'attendre ici.

BENOIT. Attendre comme ça? c'est fatigant! C'est égal, puisque vous le voulez...

JULIETTE. Vous restez, M. Benoit?

BENOIT. Puisque Nicole le veut.

JULIETTE, à part. Tiens! je vas rester aussi. (Haut.) Dis donc, Nicole, je n'ai pas besoin de t'accompagner, tu peux aller seule. (Elle lui présente le paquet.) Tu as l'adresse?

NICOLE. Oui, oui. (A part.) Ah! je saurai tout.

(Elle sort.)

SCÈNE X.

JULIETTE, BENOIT.

JULIETTE, examinant Benoit. Il va peut-être me faire la cour, à moi... Qui sait?.. (Elle le regarde.) Eh bien! qu'a-t-il donc à rester ainsi? il soupire encore... Est-ce que par hasard il aimerait Nicole?.. Je me rappelle mille circonstances; je veux m'en assurer... car, enfin, c'est un service à lui rendre.

(Elle appelle Benoit.)

BENOIT, sortant de sa rêverie. Me voici... Pardon, je pensais... je regardais...

JULIETTE. Allons, soyez franc, vous êtes amoureux de Nicole?

BENOIT. Moi!

JULIETTE. Oui, vous vous troublez... vous êtes même tout ému... Oh! je n'ai plus de doutes... Mais, mon pauvre Benoit, ce n'est pas vous qu'elle aime... Bien! je sais ce que vous allez me dire : votre cousin la néglige, la délaisse... cependant il faudra bien qu'il l'épouse... Entre nous, il y sera peut être forcé.

BENOIT, tremblant. Que voulez-vous dire?

JULIETTE. Dame! si Nicole avait commis une faute... si elle ne s'était absentée, il y a un an, que pour la cacher.

BENOIT, poussant un cri. Ah! ces larmes... ces terreurs... Mon Dieu! mon Dieu! Nicole, il l'épousera... soyez-en sûre, il l'épousera! (A part.) Maintenant, rue Saint-Dominique!

(Il sort comme un homme égaré. Juliette reste surprise, et le rideau tombe.)

FIN DU PREMIER ACTE.

ACTE II.

Un petit salon richement orné. Porte au fond et portes latérales. A gauche, un chevalet sur lequel se trouve une peinture, et, à côté, tout ce qu'il faut pour peindre; à droite, un canapé.

SCÈNE I.

LA COMTESSE, assise sur une causeuse, à droite; CHARLES.

CHARLES. Dois-je croire à toutes ces paroles flatteuses?

LA COMTESSE. Quel intérêt aurais-je à mentir? Oui, Charles, je n'ai pu résister au charme de votre présence, et j'éprouve chaque jour davantage un doux sentiment que je n'espérais plus connaître.

CHARLES. Combien je suis heureux! Cependant je m'inquiète...

LA COMTESSE. Et moi aussi.

CHARLES. Vous? qui peut vous alarmer?

LA COMTESSE. L'emploi de votre temps, quand vous n'êtes plus ici, quand il faut nous séparer. Et vous, parlez, pourquoi votre inquiétude?

CHARLES. Parce qu'il faut nous séparer...

LA COMTESSE. Hélas! nous n'y pouvons rien! On m'a mariée comme on marie toutes les jeunes filles, dans certaines familles, sans qu'on s'informât le moins du monde si je pouvais aimer l'homme auquel on m'unissait... Maintenant, je suis veuve et libre de mes actions; mais je suis mère, et je dois à mes enfans de vivre en observant avec scrupule les usages, les convenances. Il nous faut cacher notre amour, tout pur qu'il soit... d'ailleurs, votre position n'est pas encore celle que vous méritez... Je suis riche, et vous ne l'êtes pas... Avec les idées actuelles, c'est presque de la mésalliance... Il faut être prudent... le bonheur trouve sa garantie dans le mystère, et mon bonheur ne serait pas troublé si je connaissais bien toutes vos actions hors d'ici... Voyons, durant ces éternelles absences, que faites-vous de votre temps?

CHARLES. Ne vous l'ai-je pas dit mille fois, je m'occupe de vous, uniquement de vous.

LA COMTESSE. Et nulle autre femme...

CHARLES. Le pouvez-vous penser?

LA COMTESSE. Je suis jalouse, et si je découvrais jamais... J'entends du bruit de ce côté : c'est ma mère qui vient nous déranger. Remettons-nous au travail.

(Elle se met à peindre.)

SCÈNE II.

LA COMTESSE, Mme de TORCELLES, CHARLES.

Mme DE TORCELLES, à Charles. Bonjour, Monsieur. (A la comtesse.) Eh bien! cette peinture est-elle achevée, enfin? Ma chère Blanche! on s'impatiente, on est pressé d'avoir ce tableau.

LA COMTESSE, en peignant. Il est encore trop imparfait... J'ai voulu ne pas faire une copie servile... et sans M. Oudard, qui a eu la patience de poser tout en me donnant ses conseils, je me serais trouvée fort embarrassée.

Mme DE TORCELLES, regardant alternativement la peinture et Charles. Ça me paraît admirable... Sais-tu que ton saint Etienne ressemble à Monsieur?

LA COMTESSE. Non... non... je ne trouve pas. J'ai copié la tête d'après Murillo, je vous assure... Ce serait un effet du hasard, car c'est pour le changement d'attitude que Monsieur a daigné se fatiguer.

CHARLES. Ce n'est nullement une fatigue, Madame...

LA COMTESSE. C'est pis, c'est un ennui.

Mme DE TORCELLES. Mais on ne doit pas s'ennuyer avec toi, ma fille... Et Monsieur a trop de ressources dans l'esprit pour s'ennuyer jamais.

LA COMTESSE. Ne voulez-vous pas vous asseoir, ma mère?

Mme DE TORCELLES. Quoi! tu vas peindre encore?

(Elle s'assied sur le canapé.)

LA COMTESSE. Il le faut. (Elle peint.) N'avez-vous pas remarqué, ma mère, combien mes progrès sont rapides depuis que M. le baron veut bien me donner ses avis.

Mme DE TORCELLES. Oui, ça frappe tout le monde.

LA COMTESSE. C'est que les soins de Monsieur sont ceux d'un homme comme il faut... On reconnaît bien vite les avantages de l'éducation, et surtout de la naissance.

CHARLES. Il est une autre vérité, Madame, c'est le talent de l'élève, et surtout cette rare intelligence qui fait facilement comprendre.

LA COMTESSE. Monsieur, vous êtes un flatteur.

CHARLES. J'exprime une généralité. Est-ce ma faute, si vous vous l'appliquez comme une justice? Une autre fois, Madame, pour vous plaire, j'aurai recours au mensonge; je dirai que vous n'entendez rien à ce que vous faites... je l'oserai, car personne ne me croira.

LA COMTESSE. Je ne réponds jamais à de semblables choses... Voulez-vous bien ne pas détourner la tête?

(Elle lui fait un geste d'amour, après s'être assurée que Mme de Torcelles ne regarde pas.)

Mme DE TORCELLES, à part. Ce jeune homme est très bien... il a des principes excellens... sa conduite est fort convenable... Il me rappelle les hommes d'autrefois... Ah! s'il avait de la fortune, je craindrais que l'idée d'un second mariage ne vînt à l'esprit de ma fille... Mais, grace au ciel, il n'a rien, et je suis rassurée à cet égard.

LA COMTESSE, peignant toujours. Ah! que ne puis-je trouver pour mes enfans un maître qui ait votre patience... pour mes enfans et pour moi-même... car voici le moment où nous quittons Paris... pour six mois... Je puis oublier tout ce que j'ai gagné dans le peu de temps que vous avez bien voulu nous consacrer.

CHARLES. Mon temps est entièrement à vous, Madame, je vous l'ai déjà dit... Est-ce que je puis en faire un meilleur usage?..

LA COMTESSE. Quoi! vous consentiriez à venir nous voir à la campagne?

CHARLES. J'en serais ravi...

LA COMTESSE. A y rester un mois?

CHARLES. Si je ne suis pas importun, la saison tout entière.

LA COMTESSE. Qu'en pensez-vous, ma mère? Nous pouvons donner l'hospitalité à Monsieur?

Mme DE TORCELLES. Certainement! J'y avais déjà songé.

LA COMTESSE. Ah! voilà qui s'arrange à merveille... J'hésitais à partir... dans l'intérêt de mes enfans... mais puisque ça ne vous fatiguera pas trop de les guider... nous profiterons du beau temps.

Mme DE TORCELLES. Te voilà raisonnable, tu te rends enfin à mes avis... Et, si tu m'en crois, donne des ordres... M. le baron nous rejoindra plus tard.

LA COMTESSE. Mais, quels sont vos projets, M. Oudard... pour le moment?

CHARLES. Rien ne me retient à Paris.

LA COMTESSE. Mon intendant nous presse si fort de partir... Au fait, il a raison... (Quittant le travail.) Nous avons des travaux importans à entreprendre à Marcilly... Eh bien! ma mère... donnons des ordres... préparons-nous... Nous partirons tous ensemble... c'est une chose convenue.

SCÈNE III.

LES MÊMES, UN VALET.

LE VALET. C'est une lettre pour M. le Baron... On attend la réponse en bas... une dame..

LA COMTESSE, inquiète, à part. Une dame!..

CHARLES. Vous permettez... (Il ouvre la lettre.) Une affaire importante m'oblige à vous quitter...

LA COMTESSE. Une affaire?.. Vous ne m'en avez rien dit... Cette missive est un prétexte, je le gage, pour nous quitter si tôt... Cette dame savait donc que vous veniez ici?..

CHARLES. Elle a du moins supposé que je pouvais y être... Cette lettre est de Mme Minier... C'est, en quelque sorte, à Mme Minier que je dois le bonheur de vous connaître, Mesdames, car c'est chez elle que j'ai eu l'honneur de rencontrer M. le marquis d'Héricourt... Du reste, ce qu'elle m'écrit n'est pas un mystère... (Il lit la lettre.) « Mon cher baron... Depuis long- »temps, je vous attends en vain. Vous avez donc »oublié que je m'occupe de vos intérêts?.. Ac- »courez, j'ai une proposition fort importante à »vous faire... Il y va de votre avenir... EUGÉNIE »MINIER. »

LA COMTESSE, troublée. Ah!.. Mais, puisqu'on est en bas, vous pouvez recevoir ici... Vous connaîtrez plus promptement cette proposition... il y va de votre avenir!..

CHARLES. Puisque Madame veut bien le permettre...

LA COMTESSE, au valet. Priez cette dame de monter... (Le valet sort.) Nous serions charmées, ma mère et moi, de voir Mme Minier!.. C'est à elle, avez-vous dit, que nous devons l'honneur de vous connaître!.. Pendant cette entrevue, nous règlerons, nous, notre prochain départ.

Mme DE TORCELLES. Oui, oui... c'est une résolution sur laquelle il n'y a plus à revenir, n'est-il pas vrai, Monsieur?.. Nous aurons du monde... nous passerons un été délicieux!..

SCENE IV.

LES MÊMES, EUGÉNIE, LE VALET.

LE VALET, annonçant. Mme Minier!..

Mme DE TORCELLES. Soyez la bien-venue, Madame!.. Nous ne l'ignorons pas, c'est chez vous que mon frère a connu M. Oudard... et nous vous devons indirectement les leçons de peinture qu'il donne à ma fille ainsi qu'à mes petits-enfans... Nous l'avons tous pris en affection.

LA COMTESSE, à part, après avoir examiné Eugénie. Je suis rassurée!.. (Haut.) Vous avez à parler à Monsieur... d'affaires importantes... Nous vous laissons avec lui, Madame.

EUGÉNIE. Je suis très flattée, Mesdames, de l'accueil que vous daignez me faire, mais votre intervention ne sera peut-être pas inutile dans une circonstance où j'ai à combattre certaines répugnances de M. le Baron... Oui, Monsieur, j'ai promis aux personnes qui vous ont recommandé à moi, de m'occuper de votre fortune. Quand l'occasion se présente, il faut la saisir!..

CHARLES. S'agit-il encore de votre singulier projet?..

EUGÉNIE. Oui... le moment est propice... on vous attend... Imaginez, Mesdames, qu'il s'agit d'un mariage fort avantageux!.. Monsieur me fuit... refuse de voir une personne fort riche, fort belle...

CHARLES. Que je n'aime pas...

EUGÉNIE. On n'aime pas, tant qu'on ne connaît pas...

LA COMTESSE, émue. Ah! il s'agit d'un mariage?..

Mme DE TORCELLES. Monsieur a bien le temps de se marier...

EUGÉNIE. Mais quand on n'a d'autre fortune qu'un nom et qu'une éducation...

LA COMTESSE. C'en est une qu'on n'apprécie pas toujours assez...

CHARLES, à Eugénie. Madame, je vous en prie... qu'il ne soit plus question de ce projet... Je ne saurais aimer votre protégée, fût-elle un ange!..

EUGÉNIE. Mais elle est très riche... et la fortune... j'en appelle à ces dames...

Mme DE TORCELLES. Dans une question aussi délicate que celle du mariage, mon avis est que nous n'avons pas voix au chapitre.

LA COMTESSE, avec inquiétude. Cependant, nous vous laissons ensemble... pour ne gêner en rien une délibération si grave... Votre avenir va se décider, Monsieur... et quoique nous vous connaissions depuis peu de temps, nous nous intéressons trop à vous pour ne pas vous conseiller de prendre un parti...

CHARLES. Il est tout pris, Madame.

(La comtesse et Mme de Torcelles sortent.)

SCÈNE V.

CHARLES, EUGÉNIE.

EUGÉNIE. Niez mon esprit d'à-propos... Ne viens-je pas de faire merveille, et de vous pousser dans la route que nous avons tracée?..

CHARLES. Oui... on a projeté de m'emmener à la campagne...

EUGÉNIE. C'est là que vous règnerez en maître, si vous savez vous y prendre... Tout va bien, grâce à moi... On m'appelle intrigante... Soit!.. Je vous ai promis que vous sortiriez de la triste situation où vous végétiez, et je tiens parole. Les femmes peuvent ce qu'elles veulent!.. Une fois en pied dans cette maison, si vous êtes habile... tout vous sera possible!.. D'après les renseignemens que je me suis procurés, la comtesse est dévote, et sa mère l'est plus qu'elle; l'une et l'autre craignent le monde: il faut les compromettre... Alors, gentilhomme ou non, vos droits seront réglés par contrat, et une fois ces droits établis, avec la richesse, vous irez aux honneurs!..

CHARLES. Vous n'aurez pas obligé un ingrat!

EUGÉNIE. J'y compte!.. Je vous ai fait ce que vous êtes... je me suis ingéniée pour vous, dans votre unique intérêt!.. Dès que le baron Oudard sera le mari de la comtesse de Marcilly, nous règlerons nos comptes!.. Je ne vous impose aucune loi... c'est le siècle qui impose la sienne... On vit de ses œuvres... on réclame des droits d'auteur quand on a fait un bon ouvrage... vous êtes le mien!..

CHARLES. Ne me flattez pas, et dites-moi ce qui vous amène?..

EUGÉNIE. Le danger que vous pouvez courir par les criailleries de Nicole et de votre cousin Benoît... Il a tout découvert!..

CHARLES. Oh! vous avez raison!.. Les larmes de l'une, les remontrances de l'autre...

EUGÉNIE. Il ne faut pas vous y exposer... Le projet de campagne nous sert à merveille!.. Mettez-vous en mesure, disparaissez!.. Moi, je serai là, comme toujours, pour recevoir les confidences, pour conseiller, pour détourner les coups!.. Quant à Benoît, je ferai en sorte que loin de chercher à vous nuire, il sentira le besoin de vous seconder... Les choses sont ce qu'on les fait... Profitez des circonstances, l'occasion perdue ne se retrouve pas toujours!.. Venez, je vais vous accompagner pour protéger l'expédition...

CHARLES. Oui, sortons... Une autre chose m'inquiète encore... un paiement à faire... quinze cents francs à mon tailleur, pour lesquels j'ai souscrit un billet, et c'est demain l'échéance.

EUGÉNIE. Vous avez eu tort!.. on ne fait pas de billets sans être bien sûr de les payer.

CHARLES. Je croyais l'être... Le temps passe si vite! on s'endort... Mais, je me suis adressé au marquis... il m'avancera cette somme.

EUGÉNIE. Le marquis ne vous la prêtera pas. Qu'avez-vous fait?.. il est avare!.. Moi, je n'ai pas le sou, je vous en avertis... Je ne vois guère que notre veuve qui puisse vous sortir d'embarras... mais, gardez-vous de commettre une pareille maladresse!.. qu'il ne soit jamais question d'argent entre vous... Le désintéressement! toujours le désintéressement!... C'est avec ce mot-là qu'on parvient à devenir riche!.. Quand on possède le cœur d'une femme qui a cent mille livres de rente... quand on convoite sa main, on doit toujours mépriser la richesse!..

CHARLES. Allons, le marquis me préviendra, du moins, s'il ne peut rien faire... J'entends quelqu'un de ce côté, passons par le petit escalier.

(Ils sortent par la droite.)

SCÈNE VI.

NICOLE, LE VALET.

LE VALET. Madame va venir à l'instant... Attendez ici.

(Il sort.)

NICOLE, seule. Elle va venir... je vais la voir!.. Que viens-je faire, mon Dieu?.. acquérir la preuve d'un malheur, dont je ne devrais pas douter depuis long-temps... Par quelle inconcevable faiblesse ai-je toujours hésité à vouloir m'en convaincre, et par quel caprice plus inconcevable en ai-je aujourd'hui l'impatience?.. Moi-même, aurais-je cessé d'aimer?.. Non, non, je ne suis plus maîtresse de mon sort!.. Mon cœur se révolte-t-il plus que de coutume, à l'idée d'être délaissée?.. ou bien est-il encore agité du besoin de pardonner?.. Je ne puis m'expliquer ce que j'éprouve... je tremble, je désire, je n'ose!.. Tour-à-tour le courage m'exalte ou m'abandonne!.. Ah! pourquoi n'ai-je pas suivi les conseils de ma bonne parente?.. elle avait tout prévu... Je n'ai pas eu de force contre moi-même, je me suis laissée entraîner au charme d'un regrrd, et je suis punie!.. Entre les deux cousins, c'était Benoit que préférait ma tante... Benoit, simple de cœur, laborieux!.. Pauvre Benoit!.. dans ma pensée, je ne puis le séparer de mes peines, lui, honnête et bon!.. dont le dévouement ne s'est jamais démenti!..

SCÈNE VII.

NICOLE, LA COMTESSE.

LA COMTESSE. Eh bien! Mademoiselle, cette robe?.. J'ai recommandé, une fois pour toutes... Ah! vous n'êtes pas la personne qui m'est envoyée d'habitude?..

NICOLE, tremblante. Non, Madame... une indisposition...

LA COMTESSE, allant regarder son tableau. Me faut-il essayer de nouveau ce vêtement?

NICOLE. Je le crois indispensable...

LA COMTESSE, à son chevalet. Il me gênait hier dans les entournures.

NICOLE. J'espère qu'il ira mieux, Madame.

LA COMTESSE, regardant sa peinture. Oui, oui, faisons vite...

NICOLE, à part, en regardant la comtesse. Elle est belle!..

LA COMTESSE, quittant le chevalet. Nous allons essayer cette robe... Passons dans mon cabinet de toilette... (Elle remonte la scène, et va regarder dans l'antichambre.) Qu'y a-t-il?..

(Nicole sort la robe de son enveloppe, et la pose sur le dos de la chaise qui se trouve près du chevalet. Elle profite de ce moment pour regarder la peinture; elle jette un cri de surprise.)

NICOLE. Ciel!.. (A part.) les traits de Charles!..

LA COMTESSE, redescendant. Qu'avez-vous donc, Mademoiselle?..

NICOLE, à part. Les traits de Charles!..

LA COMTESSE. Vous êtes bien pâle?..

NICOLE. Je suis toujours ainsi, Madame.

LA COMTESSE. Pourquoi ce cri?.. Vous tremblez?..

NICOLE. J'ai heurté ce meuble... et la crainte de le renverser...

LA COMTESSE. Remettez-vous.

SCÈNE VIII.

LES MÊMES, LE VALET.

LE VALET. Madame, un jeune homme est là, qui demande à vous voir?

LA COMTESSE. Quel est ce jeune homme?

LE VALET. Je ne l'ai point encore vu ici, Madame.

LA COMTESSE. Que me veut-il?.. Demandez son nom?..

LE VALET. Je l'ai demandé... Il m'a répondu que Madame ne le connaissait pas, mais qu'il voulait absolument parler à Madame.

LA COMTESSE. Je ne puis recevoir un inconnu... Allez, demandez à ce monsieur son nom, et vous ferez entrer... (Le valet sort. A Nicole.) Mademoiselle, je vous rejoins dans l'instant...

(Elle lui indique une porte à droite.)

NICOLE, à part, en sortant. Mon Dieu!.. soutiens-moi!..

SCÈNE IX.

LA COMTESSE; puis, LE VALET et BENOIT, et DEUX VALETS.

LA COMTESSE. Il y a des gens singuliers, qui croient avoir le droit de venir vous déranger...

BENOIT, en dehors. Je vous dis que j'ai des affaires importantes à traiter avec votre maîtresse!.. (Il entre précipitamment.) Ah! la voici!..

LA COMTESSE, à Benoit. Que me voulez-vous, Monsieur?..

BENOIT. Nous ne sommes pas seuls, Madame...

LA COMTESSE, aux valets. Restez dans l'antichambre... (A Benoit.) Maintenant, Monsieur, nous sommes seuls...

BENOIT, intimidé tout-à-coup. Madame... je demeure rue Saint-Jacques... Je suis bijoutier de mon état... dans le fin... Je me nomme Benoit... et je viens pour vous dire quelque chose, si vous le permettez...

LA COMTESSE. Parlez...

BENOIT. C'est singulier !.. depuis que je suis devant vous, je ne sais plus comment m'y prendre...

LA COMTESSE. Moi, je crois deviner ce qui vous amène... Vous êtes bijoutier, et habile, sans doute !.. vous désirez me montrer vos ouvrages?.. vous désirez que je vous confie le soin de renouveler mes parures?.. Je ne vois pas ce qui vous conduirait ici sans cela?..

BENOIT. Non, Madame, ce n'est pas ce qui m'amène...

LA COMTESSE, avec un peu d'inquiétude. Eh bien! parlez, Monsieur?.. expliquez-vous... J'écoute...

BENOIT. Il s'agit de mon cousin Charles...

LA COMTESSE. Quel est votre cousin Charles?..

BENOIT. Votre maître de peinture...

LA COMTESSE. Un homme du monde daigne me guider dans mes travaux... le baron Oudard...

BENOIT. Le baron Oudard?..

LA COMTESSE. Oui... Pourquoi votre étonnement?..

BENOIT. Lui!.. baron!.. Madame, il vous trompe!.. Charles Oudard n'est pas plus baron que moi, Benoît Oudard, qui vous parle en ce moment!.. Il vous trompe!.. lui, autrefois clerc d'avoué, et depuis long-temps vivant sans rien faire...

LA COMTESSE. Je ne vous comprends pas!.. Êtes-vous dans votre bon sens, Monsieur?.. Savez-vous que vous accusez un jeune homme fort honorable?..

BENOIT. Honorable!.. qu'en savez-vous?.. Comment le connaissez-vous?.. depuis quand le connaissez-vous?..

LA COMTESSE, à part. Serais-je trompée?.. C'est ce que je dois essayer de savoir... (Haut.) Je ne m'explique nullement cette démarche!.. Je ne vous reconnais pas le droit de venir m'interroger, même sur un homme dont vous vous dites le parent... M. Oudard a été présenté chez moi comme un gentilhomme... il en a les manières et la fierté!.. Je n'ai pas un seul reproche à lui adresser... Encore une fois, que me voulez-vous?.. Je n'ai aucun compte à vous rendre...

BENOIT. C'est juste !.. je n'ai pas le droit de venir vous déranger... Cependant, c'est un sentiment d'honneur et de probité qui m'a conduit ici, pour vous parler... pour lui parler aussi...

LA COMTESSE. Je veux bien le croire... Remettez-vous, et veuillez vous expliquer sans crainte!..

BENOIT. Oui, oui... il y va du bonheur de quelqu'un, je ne dois pas manquer de courage!.. Je vous en supplie, Madame, écoutez-moi!.. Je voulais vous demander si vous tenez beaucoup à continuer sa connaissance... à Charles?..

LA COMTESSE. Quoique je ne puisse comprendre pourquoi vous me faites cette question, ce que vous venez de me dire me fait un devoir d'y répondre... Il m'importe, d'ailleurs, de connaître le sujet d'une démarche assez étrange en elle-même, pour n'être pas résolue sans un puissant motif... Vous êtes, dites-vous, le parent de M. Oudard, qui prend un titre?..

BENOIT. Je suis son seul parent, Madame... quant au reste, tout est faux!..

LA COMTESSE. Je ne doute pas de votre sincérité...

BENOIT. Oh! pour ce qui est de ça, je n'ai aucun intérêt à mentir!..

LA COMTESSE. Et moi, Monsieur, je n'ai rien à cacher!.. M. votre parent a été conduit chez mon oncle par Mme Eugénie Minier...

BENOIT. Mme Minier!.. (Il s'arrête.)

LA COMTESSE, vivement. Pourquoi cet étonnement?.. Expliquez-vous, je vous en prie?.. Quelle était donc la nature des relations de votre cousin avec cette dame Minier?

BENOIT. Qui le sait!.. (Avec embarras.) C'est-à-dire... on suppose.., mais on peut se tromper...

LA COMTESSE. De la franchise, Monsieur...

BENOIT. Je ne sais pas faire de la peine à personne, Madame, et je m'en voudrais d'exciter comme ça votre jalousie, sans être certain...

LA COMTESSE. Ma jalousie!..

BENOIT. Dame!.. s'il est vrai que vous l'aimiez... et qu'il soit votre amant...

LA COMTESSE, avec indignation. Monsieur!.. Monsieur!..

BENOIT. Allons, voilà le grand mot lâché!..

LA COMTESSE, de même. Savez-vous bien ce que vous osez faire entendre?..

BENOIT. Moi, je ne fais que répéter ce qu'on disait hier, tout haut, dans la foule, à la sortie du spectacle, en vous voyant tous les deux... Je n'invente rien... Je ne croyais pas au mystère...

LA COMTESSE, plus courroucée. Cette imputation est une fausseté!.. Savez-vous bien que je pourrais faire châtier votre insolence?..

BENOIT, étonné, puis résolu. Mon insolence!.. Je suis venu ici pour parler, et vous m'entendrez jusqu'au bout!.. C'est une indignité de la part d'une comtesse, de venir détourner un jeune homme de son devoir d'honnête homme!.. Car, enfin, sans vous, il tiendrait sa parole... il épouserait celle à qui, depuis quatre ans, il est fiancé!..

LA COMTESSE. Que dites-vous?..

BENOIT. La vérité, Madame... C'est pour que vous m'aidiez à le ramener dans le droit chemin que je viens à vous... Vous êtes riche, vous ne manquerez pas d'épouseurs; mais Nicole, la pauvre fille qui gémit, qui pleure!.. elle, qui depuis quatre ans attend le jour du mariage.., elle, qui s'est dévouée et qui souffre de l'abandon... elle, si bonne, si douce, si laborieuse!..

Nicole, enfin! c'est tout dire... Allez, allez, si j'avais su lui plaire, moi qui l'aime depuis longtemps et qui jamais ne cesserai de l'aimer, je ne serais pas venu me jeter à vos genoux... (Se jetant à genoux.) car je m'y mets pour vous dire : Rendez Charles à Nicole... il n'y a de bonheur pour elle qu'avec lui, et j'ai juré que Nicole serait heureuse!

LA COMTESSE, avec calme. Relevez-vous, Monsieur, je vous en prie. Écoutez-moi... Je ne puis rien dans cette circonstance, moi, que vous venez insulter... je n'ai pas le droit de rien exiger de M. Charles Oudard... Pourquoi m'initier à des secrets que je ne dois pas connaître? La générosité de vos sentimens me fait excuser tout ce que votre conduite a de bizarre; mais, croyez-le bien, je n'ai aucun pouvoir sur votre parent, sans cela, soyez en certain, je lui imposerais la loi de retourner auprès de cette personne.

BENOIT. Oh! si fait, Madame, vous l'avez ce pouvoir, car c'est vrai qu'il vous préfère à Nicole!

LA COMTESSE. Taisez-vous... ne prononcez pas des paroles qui m'offensent, qui m'irritent... Ce que vous osez supposer serait une faute... Il n'existe entre M. Charles Oudard et moi aucune intimité.

SCENE X.

LA COMTESSE, NICOLE, BENOIT.

NICOLE, avec véhémence. C'est faux, Madame!

BENOIT. Ciel! Nicole!..

NICOLE. Osez démentir ce billet. (Elle montre une lettre.) Vous l'aimez, il vous aime!.. Mme Minier, une misérable intrigante, est venue l'arracher à l'honneur que je m'efforçais de nourrir en lui.

LA COMTESSE, tremblante, à part, en regardant Nicole. Jeune et jolie! (Haut.) Ne suis-je plus chez moi?.. Pourquoi les cris de cette femme?

NICOLE. Cette femme est délaissée pour vous, qui êtes riche!.. cette femme a pendant quatre années veillé dans l'espoir de satisfaire un jour la soif de richesses qu'éprouve cet homme, votre amant!.. celui qui vous écrit : « *Chère Blanche*! » celui que vous cachez dans votre maison sous un titre, et dont vous peignez les traits, hypocritement, avec une auréole de saint... Oh! Madame, il vous est facile de l'emporter sur moi, avec l'astuce et l'or... il vous est facile de passer de la menace à la prière, et de chercher à profiter de la candeur de cet homme qui est devant vous, et de vouloir calmer sa noble indignation! Probe et généreux, il allait peut-être fléchir sous votre influence... lui, ouvrier sans détour, au cœur droit; mais je suis là, moi, et vous voyez bien qu'il n'est plus temps de nous cacher quelque chose!.. Votre amant, gardez-le, Madame, puisque c'est à vous maintenant qu'il appartient! Je suis venue ici pour vous le dire... Hier encore, il m'abusait par des assurances trompeuses... C'est trop de mensonges!.. Nous autres petites gens, nous ne valons pas qu'on se donne tant de peines pour nous tromper!... nous ne pouvons pas payer cet art tout ce qu'il vaut!

BENOIT. Mme la Comtesse, Nicole ignorait ma démarche... Ne serez-vous pas touchée de nos larmes?..

NICOLE. M'en voyez-vous répandre?.. Ce n'est pas à moi de pleurer!.. ce n'est pas à moi de craindre!.. J'ai été confiante, je suis trahie... je saurai tout oublier!

SCÈNE XI.

LES MÊMES, Mme DE TORCELLES.

Mme DE TORCELLES. Tout sera prêt pour notre départ, dès que M. Oudard pourra quitter Paris.

BENOIT. Charles Oudard, quitter Paris!

Mme DE TORCELLES, apercevant Nicole et Benoit. Ah! tu n'es pas seule? Que veulent ces gens?..

BENOIT. Quitter Paris, c'est impossible!

Mme DE TORCELLES. Comment! c'est impossible? Qui êtes-vous, Monsieur?.. et que veut cette femme?

BENOIT. Cette femme! encore cette femme!.. Elle ne veut rien que de juste; elle ne fait rien que d'honorable, entendez-vous!.. C'est Nicole, et moi, je suis Benoit Oudard... Nous venons ici tous deux protester contre la conduite d'un homme sans honte, Charles Oudard, mon cousin, à mon grand désespoir, et son fiancé, à elle, la pauvre fille délaissée!

Mme DE TORCELLES. Le baron, votre cousin? Quelle incroyable histoire est celle-ci!

BENOIT. Incroyable, peut-être!.. mais ce n'est pas nous qui l'avons faite ce qu'elle est.

LA COMTESSE. Ma mère, veuillez suspendre votre jugement.

Mme DE TORCELLES. Mais ce titre de baron, ma chère! cela est grave!

LA COMTESSE. Savons-nous ce qui a fait agir M. Oudard?.. Un peu d'irritation que je conçois, que j'excuse, a engagé Monsieur et Mademoiselle à venir se plaindre auprès de moi, de quelques torts qu'ils reprochent à M. Oudard... Mais il est de toute justice que nous entendions celui qu'on accuse et qu'il se justifie... Il ne peut tarder... Justement, le voici!

SCÈNE XII.

LES MÊMES, CHARLES.

CHARLES, à part. Ciel!

Mme DE TORCELLES. Approchez, approchez, M. Oudard... Il était question de vous.

LA COMTESSE, à Charles. Les deux personnes ici présentes ne vous sont pas étrangères?

CHARLES. Non, Madame...

BENOIT. C'est heureux, vraiment, qu'il ne nous renie pas!

Mme DE TORCELLES. Est-il vrai que...

NICOLE, l'interrompant. Madame, j'aurai la

générosité de lui épargner une explication.

LA COMTESSE, vivement. Mais si Monsieur la réclame... c'est son devoir, je le pense, du moins...

CHARLES. Aussi fais-je, Madame, et pour la provoquer, je dois faire un aveu pénible, à vous, Nicole, qui venez m'accuser ici... Aussi long-temps que j'ai cru vous aimer, vous m'avez vu attentif à vous plaire... Maintenant, l'amour a cessé... depuis long-temps, j'hésite à vous le dire...

NICOLE. L'ingratitude s'accorde avec la prévoyance, je le vois... Votre cœur calcule et sait bien ce qu'il fait... Entre l'ouvrière et la comtesse, vous n'hésitez plus, n'est-ce pas?.. Vous n'attendez pas que je vous chasse de ma maison?

BENOIT. Et crois-tu donc que les choses vont se passer de la sorte, M. le baron?.. Il ne suffit pas de dire : J'aime et je n'aime plus! Quand on a commis une faute, il faut la réparer.

NICOLE. Non, non, Benoit, son cœur est lâche.

BENOIT, à voix basse. C'est triste à penser, mais il faut un père à votre enfant!

NICOLE, l'arrêtant et baissant les yeux. Ciel!

BENOIT. Je sais tout, il faut tout dire... Ce n'est pas vous, seulement, qui devez baisser les yeux!

NICOLE. Arrêtez, Benoit... Qui vous donne le droit de parler ainsi?.. Devant l'homme sans pudeur, je puis lever encore la tête. Je vous le répète, Charles Oudard, le mépris que votre conduite m'inspire s'accorde avec vos nouveaux projets. Vous êtes libre, car il importe à mon bonheur, à ma dignité, que vous ne rentriez jamais dans ma maison... encore une fois, je vous chasse, vous entendez bien!

Mme DE TORCELLES, exaspérée. Mais tout ceci est un scandale!.. (A Charles.) Monsieur, ce qu'on vient de nous apprendre, fût-il faux, vous ne pouvez pas rester dans cette maison, je le déclare.

CHARLES. Madame...

Mme DE TORCELLES. Pas un mot... Il suffit qu'on puisse vous accuser à tort ou à raison...

CHARLES, avec un mouvement d'impatience. Je ne reconnais qu'à Mme la comtesse de Marcilly le droit de commander chez elle...

LA COMTESSE, froidement. Sortez!

(Mme de Torcelles va féliciter sa fille. Benoit prend la main de Nicole pour sortir; Charles reste atterré au milieu du théâtre. — Le rideau tombe.)

FIN DU DEUXIÈME ACTE.

ACTE III.

Le théâtre représente une chambre bien meublée, mais sans richesse. Portes au fond, à droite et à gauche. A droite, une table sur laquelle se trouvent des papiers et une boîte à pistolets.

SCÈNE I.

CHARLES, seul, assis et réfléchissant.

Elle m'a chassé!.. Je basais ma fortune sur les assurances d'un sentiment si fugitif!.. c'était un caprice de grande dame!.. Je n'étais, sous un prétexte honnête et commode, qu'un jouet pour son âme romanesque!.. Mon ambition, qu'elle excitait par tant d'espérances, devait crouler à la première crainte de scandale, et cette crainte l'emporte sur le bonheur!.. Elle m'a chassé en présence de sa mère et de Nicole! Mais, pouvait-elle agir autrement?.. N'était-ce pas le moyen d'échapper à toute explication dangereuse, et de ménager un mystère plus profond?.. Elle me l'eût écrit... mais en écrivant on se compromet, et la prudence... N'est-elle pas plutôt en droit d'attendre de ma part, une preuve de repentir... Oui, c'est à moi d'écrire, son cœur est sensible... le cœur n'est pas hypocrite, lui!.. Frappons un grand coup... si l'amour a existé, il doit exister encore : la douleur donne de la force au sentiment. (Il se lève.) Ah! si je pouvais ranimer sa tendresse, par un mouvement d'effroi... peut-être reprendrai-je un ascendant plus certain... Il y a mille moyens de se voir en secret?.. Oui, oui, une lettre de désespoir... il faut qu'elle ressente l'angoisse du malheur que peut amener une rupture... (Allant s'asseoir à une table et écrivant.) « Blanche, vous n'avez donc pas compris combien mon amour était insurmontable?.. Pour vous voir, pour parvenir jusqu'à vous, que de folies n'ai-je pas faites! Cet amour plus fort que ma vie, m'a rendu coupable envers ceux que je croyais aimer avant de vous connaître, et c'est au moment où vos consolations me deviennent plus nécessaires que vous me privez de votre présence!.. La vie me devient odieuse. » (Il s'arrête en regardant la boîte à pistolets, qu'il ouvre, il en tire les armes qu'il pose sur la boîte après qu'il l'a refermée.) Ici, la phrase obligée pour amener un résultat définitif. (Écrivant.) « La mort peut expier mes fautes! Adieu, Madame, je n'hésite pas un instant à me délivrer d'un fardeau devenu trop pesant... l'arme est là... un dernier devoir à remplir, et j'aurai vécu! Souvenez-vous du malheureux Charles Oudard!.. » Je crois la lettre bonne et le moyen infaillible... Si elle est émue, je suis maître d'elle, si elle reste impassible, je n'aurai pas perdu grand'chose... et je tournerai mes regards d'un autre côté!

(Il ferme la lettre.)

SCÈNE II.

CHARLES, assis; JULIETTE.

JULIETTE, bas, au fond du théâtre. Il écrit... Comme il est abattu!.. On ne m'a pas trompée, Nicole et lui sont fâchés... Pour quel motif?.. je l'ignore. Mais si je pouvais les raccommoder.

CHARLES, à lui-même. Oh! je la connais! elle ne pourrait supporter l'idée d'être la cause de ma mort!

JULIETTE. Approchons... M. Charles!

CHARLES, feignant la tristesse. Ah! c'est vous! (A part.) Elle vient à propos.

JULIETTE. J'ai appris ce qui cause vos larmes, et si je pouvais vous servir dans cette circonstance...

CHARLES. Un service... oui, il en est un que je réclame de vous, bonne Juliette!

JULIETTE. Parlez, de quoi s'agit-il?

CHARLES. De faire remettre cette lettre sans retard.

JULIETTE. Je la porterai moi-même, à l'instant.

CHARLES. Je compte sur votre zèle.

(Il lui remet la lettre.)

JULIETTE, lisant l'adresse. « Mme la comtesse de Marcilly. » Ah! si Nicole apprenait!

CHARLES. Ne craignez rien, Nicole ne le saura pas.., d'ailleurs, c'est dans notre intérêt... c'est pour...

JULIETTE. Pour vous raccommoder?

CHARLES. Oui.

JULIETTE. Ah! j'y cours.

CHARLES. Un moment... Si la Comtesse est chez elle, je vous en prie, Juliette... faites en sorte que cette lettre lui soit remise.

JULIETTE. Y a-t-il une réponse?

CHARLES. Oui... non... c'est possible... cependant, tâchez de savoir l'effet qu'elle aura produit.

JULIETTE. Soyez tranquille... je demanderai à la remettre en main propre.

CHARLES. Que vous êtes bonne!

JULIETTE. Alors, je verrai bien...

CHARLES. Et si vous surpreniez la moindre émotion...

JULIETTE. Je viendrais vous le dire.

CHARLES. A merveille...

JULIETTE. Où vous trouverai-je?

CHARLES. Ici... Cependant, je crains que Nicole... elle est parfois si singulière.

JULIETTE. Il ne faut pas qu'elle me voie... j'irai dans l'atelier, ou plutôt... tenez, si j'ai une bonne réponse à vous faire, je frapperai trois coups à la cloison... Ça n'aura l'air de rien, et ce sera la preuve que vous aurez réussi... Je cours bien vite.

(Elle sort.)

SCÈNE III.

CHARLES, seul.

Bravo! la voilà partie... Il ne faut jamais se désespérer... Oui, oui, ont fait des femmes tout ce qu'on veut... Maintenant, songeons au paiement de ces 1,500 francs; le moindre retard peut m'être funeste... Ah! ah! Nicole... Benoit est avec elle!

SCÈNE IV.

CHARLES, NICOLE, BENOIT.

NICOLE, avec calme et dignité. Monsieur, puisque vous n'avez pas tenu compte de mes volontés... je parle de celles que je vous ai manifestées hier... je me vois dans la nécessité de venir vous répéter que vous ne sauriez rester plus long-temps ici.

CHARLES. Vous avez le droit de me renvoyer, je ne suis pas chez moi.

NICOLE. Vous êtes chez vous autant que peut l'être un locataire... mais le terme de votre location expire aujourd'hui, 15 du mois... je veux qu'il en soit ainsi... Je ne réclame de vous que votre prompt départ.

CHARLES. Moi, je tiens à m'acquitter.

NICOLE. Il vous sera toujours possible de le faire.

CHARLES. Vous m'écouterez, du moins.

NICOLE. Je vous accorde deux heures pour sortir d'ici...

(Charles salue froidement et sort par la droite. Nicole, cédant à son émotion, se laisse tomber sur un fauteuil.)

SCÈNE V.

NICOLE, BENOIT.

NICOLE. Il est parti!

BENOIT, au fond, considérant Nicole. Elle l'aime toujours. (Il descend la scène, et s'approche de Nicole.) Écoutez-moi, Nicole. Ce moment est solennel... Parlez-moi comme vous parlez à votre conscience... Répondez comme si Dieu vous interrogeait. (Pause.) Vous aimez encore Charles, n'est-ce pas?.. d'amour?.. Vous baissez les yeux... Vous détournez la tête... Vous gardez le silence... Je comprends... c'est juste : vous craignez qu'il ne vous entende... (Avec une vive émotion.) Vous l'aimez.. ! C'est bien... c'est entendu...

NICOLE, vivement émue. Pourquoi me faites-vous cette question, Benoit?.. A votre tour, vous gardez le silence... Vous baissez aussi les yeux... Vous tremblez...

BENOIT. Oui... c'est vrai.. Je ne sais pas comment ça se fait...

NICOLE. Ah! parlez... Pourquoi m'avez-vous fait cette question?..

BENOIT. Vous n'y avez pas répondu... prenez que je n'ai rien dit.

NICOLE. Non... non. (Résolue.) Vous demandez si je puis encore aimer cet homme qui est là?..

BENOIT, bas et vite. Oui, je veux le savoir, dans votre intérêt... parce que, voyez-vous, s'il est nécessaire à votre bonheur... s'il faut que vous aimiez... si vous ne pouvez aimer que lui... eh bien! je vous raccommoderai...

NICOLE. Et vous ne comprenez pas pourquoi j'hésite à vous répondre?..

BENOIT. Non... Je suis si bête!

NICOLE, bas, et vite. C'est que je sais le juger maintenant... c'est qu'hier, chez cette comtesse j'ai pu tout entendre...

BENOIT. Je n'ai rien dit.

NICOLE. Vous y avez parlé de vous...

BENOIT. De moi?.. Je ne crois pas... C'est pourtant possible... (Se troublant.) Mais, moi!.. c'est autre chose... Moi, je ne suis rien, je ne prétends à rien... Il ne faut pas qu'on s'occupe de moi le moins du monde... Je dis quelque fois des choses... comme ça... sans trop savoir... Il n'est pas question de moi... mais de vous, de votre bonheur... Je veux que vous soyez heureuse...

NICOLE. Pensez-vous que je puisse conserver de l'amour pour cet homme, quand je ne puis lui accorder mon estime?

BENOIT. Ah! dame... le cœur est si bizarre... On aime sans trop se rendre compte... C'est involontaire... Il est joli garçon... toujours bien mis... ça flatte... Enfin, si vous l'aimez, et vous l'aimez...

NICOLE, avec fermeté. Non... l'amour et l'estime, c'est tout un... Le prestige est détruit... La résolution que j'ai prise est irrévocable... Depuis hier, j'ai bien interrogé mon cœur... je sais ce qui s'y passe... entre Charles et moi, il n'est pas de retour possible... Il quittera cette maison pour n'y jamais rentrer.

BENOIT, avec précaution. Mais... votre enfant...

NICOLE. J'ai commis la faute, je dois en subir les conséquences... Le courage ne me manquera pas, si vous êtes là, près de moi, pour m'aider à remplir tous mes devoirs, et je saurai expier ma vie passée... Vous savez du moins, vous, que j'ai été plus faible que coupable... Benoit, est-ce que vous voudriez me quitter?

BENOIT. Vous quitter, moi!.. Mon Dieu! mais est-ce que ça me serait possible... Est-ce que je pourrais vivre sans vous voir, moi?.. Je ferai tout ce vous voudrez, Nicole... Mais cependant Charles a des devoirs...

NICOLE. Jamais! oh! jamais...

BENOIT. Ce n'est pas votre dernier mot, Nicole... Chut!.. le voici... Sortez... laissez-moi seul avec lui...

NICOLE. Benoit... je compte sur vous...

(Elle sort.)

BENOIT. Sortez donc vite...

SCÈNE VI.

CHARLES, BENOIT.

BENOIT. Je t'attendais...

CHARLES. Que me veux-tu?

BENOIT. Je viens te parler...

CHARLES. Qu'as-tu à me dire?

BENOIT. Mais des choses... sérieuses...

CHARLES. Je suis pressé... On me congédie... Tu l'as entendu... Il faut que je songe à mes affaires...

BENOIT. Oui, on te congédie... de cette maison, comme de l'autre... Je t'ai prévenu que je te forcerais à vivre en homme d'honneur... J'y tiens... Je ne t'ai pas pris en traître... Pour savoir... j'ai voulu voir... je t'ai suivi...

CHARLES. Tu m'as épié...

BENOIT. Épié, soit... Je suis curieux... c'est une mauvaise habitude que j'ai contractée dans le temps... J'ai toujours été curieux de savoir s'il te manquait quelque chose... pour te le procurer quand je pouvais... J'étais curieux de tes moindres soucis, afin de les adoucir... J'étais curieux de tes plaisirs, pour y contribuer... Moi, vois-tu, Charles, je suis resté le même qu'autrefois, du temps où je partageais tout avec toi, ma chambre, mon lit, mon linge, mon argent... Alors, tu ne trouvais pas étrange d'être l'objet de mes soins et de mes prévoyances... Je ne suis pas changé, moi, ni d'habits, ni de cœur...

CHARLES. Aujourd'hui, il ne me convient pas d'être l'objet d'une telle curiosité...

BENOIT. Mais, malheureux, que vas-tu devenir? que vas-tu faire?

CHARLES. Je ne reconnais à personne le droit de m'adresser de pareilles questions...

BENOIT. Cependant, de quoi vas-tu vivre? Je veux le savoir, car il n'en est pas des Oudard comme des Martin. Nous sommes peut-être les seuls à porter ce nom dans l'univers... et ailleurs... Eh bien! moi, je ne veux pas avoir à rougir jamais de m'entendre du nom dont on t'appelle.. Si je te demande ce que tu vas faire maintenant, c'est pour t'aider dans tes bonnes intentions.

CHARLES, d'un ton goguenard. Tu railles, sans doute...

BENOIT. Je n'en ai pas la moindre envie... Que vas-tu faire? réponds...

CHARLES. Pour que je te trouve encore sur mon chemin à me porter obstacle?

BENOIT. Oui, si ta conduite n'est pas aussi claire que le jour... On ne crains pas de parler quand on ne songe pas à mal faire... Tu ne peux pas vivre sans travailler... Parles, veux-tu rentrer dans une étude?.. Non!.. Veux-tu devenir commis dans un beau magasin?.. Non!.. Veux-tu continuer à faire le maître de peinture, mais là, franchement, sans t'exposer à être chassé comme un intrigant?

CHARLES, vivement. Je veux vivre en liberté, comme je l'entends, comme j'en ai le droit, sans rendre de compte à personne.

BENOIT. Allons, pas de colère... Sois calme et franc. Comment vivras-tu?

CHARLES. Comme je voudrai... Comme je pourrai... J'avais une situation, tu l'as détruite...

BENOIT. Elle était belle, ta situation!.. Tu ne penses pas la reprendre, au moins?.. Car s'il en était ainsi, j'aurais assez de courage et de force pour te conseiller... moi, ton frère autrefois... d'en finir... tout de suite avec la vie... mieux vaut la mort...

CHARLES, froidement. Le temps se passe, il faut que je sorte...

BENOIT. Charles... je t'en supplie... les yeux

pleins de larmes... Vois donc!.. Écoute l'honneur... Le travail sanctifie tout... Je t'épargnerai la tâche la plus pénible... Je travaillerai pour deux... Nous serons deux à porter le fardeau... Je te soutiendrai sous le poids du devoir...

CHARLES. Mais il faut que je sorte...

BENOIT. Mon Dieu! sans pitié!.. Il est sans pitié!.. Charles, encore une fois, choisis un métier; un métier honorable... fais comme moi...

CHARLES. Notre éducation n'a pas été la même..,

BENOIT. L'éducation... Mais je sais lire, écrire, compter... Je sais même chanter, depuis qu'il y a un cours gratuit; dessiner aussi, depuis que ça ne coûte rien... L'éducation, si je ne me trompe pas, elle doit élever le cœur, agrandir l'esprit, mettre en garde contre les passions... Vois-tu, je ne saurais croire que l'éducation porte à usurper un titre, à séduire les filles, à vivre d'intrigues, de mystères et de honte... Non, Charles, ne profane pas les choses qui sont bonnes... L'éducation, c'est au moins la science de ne pas faire le mal, si ce n'est pas toujours celle de faire le bien.

CHARLES, avec ironie. Est-ce que tu suis aussi un cours d'éloquence?

BENOIT. Tu railles... quand je pleure... Tu railles! quand je parle d'honneur et de probité!

CHARLES. Assez... Mes affaires m'appellent...

BENOIT. Il n'y en a pas de plus pressées que de réparer tes fautes, et Nicole...

SCÈNE VII.

CHARLES, BENOIT, NICOLE, EUGÉNIE.

NICOLE, à Eugénie. Non, Madame, non, ce n'est pas mon écriture, ce n'est pas ma signature... Je ne dois pas cette somme.

CHARLES, à part. Ciel!

BENOIT. Qu'y a-t-il?

NICOLE, montrant Charles. C'est à Monsieur de répondre...

EUGÉNIE. On est venu toucher un billet.

NICOLE. Fait en mon nom, au profit de Charles Oudard; mais ce n'est pas moi... Je n'ai pas signé...

EUGÉNIE. Nicole, songez-y.

NICOLE. Madame, encore une fois, ce billet est faux...

BENOIT, avec terreur. Un faux!..

EUGÉNIE. J'ai pris l'adresse: il faut payer.

BENOIT, à Charles. Quelle somme?

EUGÉNIE. Quinze cents francs.

BENOIT, à Charles. Comment vas-tu faire?.. je n'ai pas d'argent, moi.

EUGÉNIE. Il faut en trouver.

BENOIT. Oui... oui... Nicole, payez... c'est moi qui vous en prie... c'est à moi que vous avancerez cet argent...

NICOLE, abattue. Je ne l'ai pas...

BENOIT. Vos couverts... vos bijoux?..

NICOLE. Une gêne momentanée m'a contrainte à m'en défaire.

BENOIT, à Charles. Mais le temps presse... On peut te dénoncer... Sais-tu bien qu'il y va des galères...

NICOLE, poussant un cri. Ah!.. Je paierai... je reconnaîtrai cette signature... c'est la mienne. Qui peut dire que ce n'est pas la mienne?.. Cette adresse, vous l'avez, Madame? Venez, venez donc!.

(Elle entraîne Eugénie.)

SCÈNE VIII.

BENOIT, CHARLES.

BENOIT, hors de lui. Misérable! qu'as-tu fait?

CHARLES, avec une grande émotion qu'il cherche à surmonter. Ce billet sera payé...

BENOIT. Mon Dieu! mon Dieu! et cette femme... Mme Minier possède un tel secret!.. Un homme de loi peut nous faire rougir à toute heure... Le nom d'Oudard sera souillé!.. Je ne survivrai pas à ce coup!

(Il reste abattu.)

CHARLES. Rien n'est encore désespéré.

BENOIT, réfléchissant. Et si Nicole ne trouve pas cette somme?.. Quinze cents francs! dans un moment de gêne!.. Et moi, rien! mon Dieu! que faire?.. Il y va des galères!.. (Charles fait un pas vers la porte.) Où vas-tu?.. Tu ne peux pas sortir... Tous les regards seront fixés sur toi... On peut t'arrêter au seuil de la porte...

CHARLES. Laisse-moi!..

BENOIT, avec une sorte d'égarement d'esprit. Je dis que tu ne peux pas sortir... Il faut prendre des précautions... Il faut songer à te cacher.

CHARLES. Il faut... il faut que ce billet soit payé... Je cours chez Mme Minier, chez la Comtesse, s'il est nécessaire...

BENOIT. Ces femmes!.. Oses-tu bien y penser encore?

CHARLES. Je dois penser à ma sûreté...

BENOIT, avec plus d'égarement. Il est trop tard, peut-être... N'entends-tu rien?.. Si l'on venait t'arrêter? (Il court à la fenêtre.) Oui... oui... des soldats... Arrête, malheureux!.. Ah! ils sont passés... Je respire! Mais que je suis fou! est-ce qu'on peut déjà savoir... (Il se calme et s'approche de Charles qui, dans son émotion, est tombé sur un siége.) Ah ça! parlons raison... Nicole te sauve l'honneur, et toi, tu lui ravis le sien... Avec le temps, on peut tout réparer... Elle te pardonnera, j'en suis sûr... Les femmes sont comme ça... Réfléchis et réponds... Tu l'épouseras?..

CHARLES. Mais...

BENOIT. Eh bien! est-ce que tu balances?.. Est-ce que ton cœur ne bondit pas à l'idée du pardon?..

(Il remonte en scène, comme pour écouter. On entend frapper trois coups.)

CHARLES, à part. Succès! Je suis sauvé!

BENOIT, redescendant. Hein? tu dis?

CHARLES. Je ne me marierai pas!

BENOIT. Comment?

CHARLES. Je suis pauvre, c'est vrai... et cette considération me fait un devoir de ne pas épouser Nicole.

BENOIT. Quand on est pauvre, on travaille, on vit honnêtement... Tu épouseras Nicole.

CHARLES. Non!

BENOIT, avec une fureur concentrée. Mais tu oublies donc ce qu'elle a fait pour toi?

CHARLES. Si je me marie, j'épouserai une femme riche, et je paierai mes dettes, toutes!..

BENOIT, ne se modérant plus. Mais, encore une fois, tu ne peux te marier qu'avec Nicole!

CHARLES. Jamais!

BENOIT. Quand tu l'as rendue mère!..

CHARLES, vivement. Eh bien! suis-je seul criminel?

BENOIT, exaspéré. Ah! l'infâme!.. Tais-toi! tais-toi!

CHARLES. Toi-même à ma place...

BENOIT. Tais-toi donc, misérable!.. (Il lui prend le bras.) Toi seul a commis le crime! tu dois le réparer!..

CHARLES. Allons donc!

BENOIT, jetant un regard sur les pistolets. Alors, tu dois l'expier!

CHARLES. Que veux-tu dire?

BENOIT. On ne doit pas vivre deshonoré... Oui, la mort...

CHARLES. La mort?..

BENOIT. Tu n'en aurais pas la force?.. Eh bien! je l'aurais, moi!.. Oui, je te tuerais!.. car je dirais à tout le monde. Il avait flétri le nom de son père!.. Pour la dernière fois, épouseras-tu Nicole?

CHARLES. Non!

(Benoit prend les pistolets et poursuit Charles.)

BENOIT. Eh bien! prends cette arme! il faut qu'un de nous deux périsse!

(Ils entrent dans la chambre de droite. On entend deux coups de feu.)

SCÈNE IX.

NICOLE, EUGÉNIE, JULIETTE; puis, BENOIT.

(Elles entrent par la porte du fond; au même moment, Benoit sort, pâle, un pistolet à la main.)

NICOLE. Qu'y a-t-il?

EUGÉNIE, allant vers la porte de la chambre. Qu'avez-vous fait?

BENOIT, hors de lui, sur le seuil de la porte. N'entrez pas! n'entrez pas!.. Mort!..

(Il reste accablé.)

EUGÉNIE. Vous l'avez tué!..

SCÈNE X.

LES MÊMES, LA COMTESSE.

LA COMTESSE, accourant, une lettre à la main. Charles! Charles!.. où est-il?..

EUGÉNIE. Mort!..

LA COMTESSE. Il n'est plus temps!..

(La lettre lui tombe des mains.)

EUGÉNIE, la saisissant et la lisant. « La vie » me devient odieuse! la mort peut expier toutes » mes fautes... l'arme est là... Souvenez-vous du » malheureux Charles Oudard. »

NICOLE. Ah! il s'est donné la mort... pour vous! pour vous, Madame! (Benoit relève sa tête pâle, s'avance rapidement vers Nicole.) Benoit... il s'est repenti... nous pouvons honorer sa mémoire... Il me faut des habits de veuve!..

BENOIT. Il faut un père à votre enfant... (A part, en levant les yeux au ciel.) Mon Dieu! pardonnez tout!

FIN.

Imprimerie de Mme DE LACOMBE, r. d'Enghien, 12.

PIÈCES DU RÉPERTOIRE DRAMATIQUE EN VENTE.

Le Toréador, coméd. en trois actes. 60
Miss Kelly, comédie en un acte. 30
Le Cheval de Créqui, comédie. 40
Breteuil, comédie mêlée de vaudev. 30
Un Neveu, s'il vous plaît, folie-vaud. 30
La Grisette et l'Héritière, comédie. 50
La Belle Limonadière, coméd.-vau. 50
Les Avoués en vacances, vaudeville. 50
Au bout du monde, coméd.-vaud. 30
Les Trois Muletiers, mélodrame. 50
Fragoletta, comédie-vaudeville. 50
Le Lion du désert, en trois actes. 40
Ma Bête noire, vaudev. en un acte. 30
L'Amour d'un ouvrier, drame. 40
Le Bigame, drame en trois actes. 30
Le Prince d'un jour, vaudev. un acte 30
Les Premières armes de Richelieu, comédie en trois actes. 50
La Folle de Waterloo, drame. 30
Le Marchand de Bœufs, vaudeville. 40
Un Cas de conscience, comédie. 60
Giuseppo, drame en cinq actes. 40
Les Pêcheurs du Trépoit, vaudev. 30
La Maupin, comédie en un acte. 30
Le Paradis de Mahomet, vaudeville. 30
Eva, drame lyrique. 30
Paul Darbois, drame en cinq actes. 50
Suzanne, opéra en quatre actes. 30
La Première ride, vaud. en un acte 50
Les Maquignons, vaudeville 40
Le Grand-Duc, proverbe. 30
L'An Quarante, revue en un acte. 20
La Famille Fanferluche, vaudeville. 50
Mignonne, comédie en deux actes. 40
Je m'en moque comme de l'an 40. 30
Le Tremblement de terre de la Martinique, drame en cinq actes. 50
Les Iroquois, revue en un acte. 20
Premier début de Dazincourt. 20
L'Habit de grenadier, vaudeville. 20
Le Maître à tous, comédie. 30
Trois Epiciers, vaudeville. 50
Un Souper tête-à-tête, comédie. 30
Lauzun, comédie. 30
La Cardeuse de matelas. 30
Deux Filles de l'air, puff en 2 actes. 30
L'Orangerie de Versailles, comédie. 40
Le Mari de la Fauvette, vaudeville. 30
La Fille du régiment, opéra-com. 50
Le Dernier Oncle d'Amérique, v. 20
Bianca Contarini, drame en 5 actes. 50
Le Chevalier de Saint-Georges, c. 50
Les Roueries du marquis de Lausac 40
Le Zingaro, opéra. 30
L'Abbaye de Penmarc'h, drame. 30
Carline, opéra-comique trois actes. 50
Vision du Tasse, scène en vers. 20
Les Pages de Louis XII, comédie. 30
Attendre et Courir, vaudeville. 30

Delphine, drame-vaudeville, 2 act. 30
Indiana et Charlemagne, vaudeville 50
Le Dompteur de bêtes féroces. 30
Francesco Martinez, drame. 40
Les Parens d'une danseuse, vaudev. 20
La ferme de Montmirail, pièce milit. 40
Une femme sur les bras, vaudeville. 30
L'Enfant de la Pitié, drame. 40
La Grand'Mère, comédie, trois act. 50
Sous une porte cochère, folie-vaud. 30
A la vie, à la mort, vaudeville. 30
La Mère Godichon, vaudeville. 30
Les Trois cousines, vaudeville. 30
L'Homme heureux. 50
Un jeune caissier, drame. 40
Denise, drame. 50
Mazagran, pièce militaire. 40
Un bal aux Vendanges de Bourgogne 30
Une Femme charmante, comédie. 30
La Dame du second, vaudeville. 30
Louisette, vaudeville. 40
Une Révolution d'autrefois, tragédie 40
La Meunière de Marly, comédie. 30
Les Enfans d'Adam et d'Ève. 30
Misère et Génie, drame. 30
Un Service d'ami, vaudeville. 30
La Perruche, opéra-comique. 40
Les Merluchons, comédie. 30
L'Élève de Presbourg, opéra-comiq. 30
L'École du monde, comédie. 50
Ango, drame en cinq actes. 50
La Marchande à la toilette, comédie 40
Zanetta, opéra-comique, en 3 actes 50
Le nouveau Bélisaire, vaudeville. 30
Les Garçons de recette, drame. 50
L'Autre, vaudeville. 30
La Guerre de l'Indépendance, drame 50
Jean-Bart, vaudeville. 30
Marcellin, comédie-vaudeville. 50
Iphigénie, comédie-vaudeville. 30
Jarvis, drame 50
Dinah l'égyptienne, drame. 40
Bifolard, vaudeville. 40
La Servante du curé, vaudeville. 50
Les Paveurs, vaudeville. 40
La Calomnie, comédie. 60
Cyprien le Vendu, vaudeville. 30
Les Mystère d'Udolphe, vaud. 40
L'Honneur d'une femme, dra. 50
Le Cent-Suisse, opéra-comiq. 30
La Grisette romantique, vaud. 30
Marco, comédie-vaudeville. 40
La Croix de Malte, drame. 40
La journée aux éventails, comédie 40
Mon Gendre! vaudeville. 30
L'Opéra à la cour, opéra. 50
Japhet, comédie. 50
Bob, comédie. 50
La mort de Gilbert, drame 40

Eudoxie, comédie. 30
Les Caprices, vaudeville. 40
Montbailly, drame. 50
La Grisette au vert, vaudeville. 30
Le Chevalier de Kerkaradec. 30
Grisette de Bordeaux, vaudeville 30
Matelots et Matelottes, vaudeville 30
Mégani, comédie. 40
La Fille de Jacqueline, comédie. 40
L'Automate de Vaucanson, opéra-c. 30
L'Enfant prodigue, comédie-vaud. 50
Le Mari de la Reine, comédie-vaud. 30
Le Chevalier du Guet, comédie. 50
Treize à table, vaud. 30
Le Mirliton, féerie. 50
Rosita, comédie-vaudeville. 40
Toby le Sorcier, comédie-vaud. 30
Trianon, comédie. 40
La Porte secrète, drame. 40
Juliette, comédie. 40
Reine Jeanne, opéra-comique. 40
Souvenirs et regrets. 30
Flagrant délit. 30
L'Amour en commandite. 30
Brigand et Philosophe, drame. 50
Comte de Mansfeld, drame. 50
Les Guêpes, revue. 30
Ralph le bandit, mélodrame. 50
Chalot, comédie. 50
86 moins un, vaudeville. 30
Si nos femmes savaient, comédie. 30
Le Tailleur de la Cité, comédie 40
Mme de Croustignac, vaudeville. 30
Pauline, drame. 50
Montansier, vaudeville. 30
Madame Camus et sa demoiselle 30
Les Bombé. 30
En pénitence. 30
Tyran d'une femme. 50
Maître d'école. 50
Trois lionnes. 50
Le Pendu 30
Un second mari. 50
La Mère et l'Enfant se portent bien. 50
Le Conscrit de l'an 8. 50
Les Deux Serruriers, drame. 60
Mlle Sallé, comédie. 50
Trois Étoiles. 30
Lucrèce, comédie. 50
Un grand Criminel, vaud. 40
Les Amours de Psyché, pièce fant. 50
La Mère de la Débutante, com. 40
Le Jettator, comédie. 40
Le Père Trinquefort, comédie. 30
Les Diamans de la Couronne, o.-c. 60
Carmagnola, opéra. 60
Un Monstre de Femme, vaud. 40
La Main de Fer, opéra-com. 60
Endymion, vaud. 40

Le Novice, com.-vaud. 50
Job et Jean, vaud. 50
Zizine, com.-vaud. 50
Les Secondes Noces, com.-vaud. 60
La Jeunesse de Charles-Quint, op.-c. 50
Une Chaîne, comédie 60
Le vicomte de Letorière, com.-v. 60
Les Fées de Paris, com.-vaud. 50
Les Blancs-Becs, com.-vaud. 50
Jeannic-le-Breton, drame. 60
Pour mon Fils, com.-vaud. 60
1841 et 1941, revue. 50
Les Chevau-Légers, com. vaud. 50
Le sire de Baudricourt, com. vaud. 40
Le diable à l'école, op. com. 40
Lucienne, com. vaud. 50
Les jolies filles de Stilberg. 40
L'enfant de chœur, vaud. 40
Le Grand-Palatin, com. vaud. 60
La Tante mal gardée, vaud. 40
Les Maçons, tab. popu. 40
Le duc d'Olonne, op. com. 60

En vente : Les 4 premiers volumes du RÉPERTOIRE DRAMATIQUE, formant la collection de l'année 1840. Ils sont ornés de portraits des principaux auteurs et acteurs. Prix : 6 fr. le volume.

PIÈCES EN VENTE DE LA MOSAÏQUE.

Une Chambrée de Savoyards. 30
L'Homme qui tue sa femme. 30
Le Garçon d'écurie. 40
La descente de la Courtille. 30
La paix ou la guerre. 30
Hassan, drame. 40
Torrino le savetier drame. 40
La Mère Saint-Martin, prologue 30
Le Retour de Sainte-Hélène, aprop. 20

Les vieilles amours. 30
C'est ma chambre. 30
Un premier ténor. 30
Le docteur de Saint-Brice, drame. 40
Les Invalides, vaudeville. 30
L'habit fait le moine. 30
Un jeu de dominos. 30
L'Esclave. 30
Mazarin, comédie. 30

Le Lierre et l'Ormeau. 30
Dernier vœu de l'Empereur. 30
Premières et dernières amours. 30
La belle Tourneuse. 30
Le Boulevart du crime. 40
Anita la Bohémienne. 50
Le Bourreau des crânes. 40
Les Bains à quatre sous. 50
Mariette, com.-vaud. 40

Le Piège au coup. 50
Les Grisettes en Afrique 50
Le Début de Cartouche, com. v. 40
L'auberge de Chantilly, vaud. 40
Benoît, drame. 50

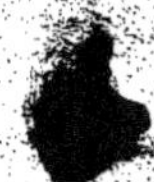

NOUVELLES A LA MAIN

Un Volume in-32 jésus, paraissant les 15 et 20 de chaque mois.

Le premier volume de la seconde année a paru le 5 janvier.

PRIX { Pour Paris. . . . . . . 1 fr. » le volume; 24 volumes, 20 fr.
Pour la Province . . . . 1 fr. 15 le volume; 24 volumes, 22 fr. 50.

Les personnes qui souscriront à l'avance pour 24 Volumes, ou une année entière, recevront l'ouvrage franco à leur domicile, soit à Paris, soit dans les départemens. — (ÉCRIRE FRANCO.)

Imp. de Mme DE LACOMBE, rue d'Enghien, 12.

www.ingramcontent.com/pod-product-compliance
Lightning Source LLC
LaVergne TN
LVHW020632110826
845149LV00004B/1152

* 9 7 8 2 0 1 9 1 8 7 0 6 4 *